Unser Tip für den Feinschmecker:
Am besten schmeckt das Witzbuch belegt mit frischgepreßtem Lachs, einer Scheibe frisch gehobeltem Hühnerei, Knoblauch, Basilikum und einem kleinen, frisch gespitzten Bleistift.

DER WITZ BALLON

Witze zum Abheben

**gesammelt und gezeichnet
von Erhard Dietl**

Inhalt

Total verrückte Welt	7
Echt tierisch	45
Cowboys, Colts und coole Knacker	61
Da wackelt der Familientisch	71
Mit voller Power an die Mauer	109
Die Schlaffis von der letzten Bank	131
Super, schrill und echt gut drauf	153
Um ein Haar – unschlagbar	171
Endlich Ferien!	183
Rififi – 2. Akt	199
Toho Bu Waha und andere scharfe Typen	211
Meister, Macker, Chefs und Gruftis	229

Total verrückte Welt

„Einmal im Jahr bade ich", sagte stolz der kleine Krawuttke, „ob es notwendig ist oder nicht."

♠

Ruft einer an und fragt: „Haben Sie die Nummer 47 43 90?"
„Da sind Sie falsch verbunden", antwortete der andere, „wir haben gar kein Telefon."

♠

Simon war bei den Kiefhabers zum Essen eingeladen.
„Wie war's?" will Mama nachher wissen.
„Frag mich nicht", sagt Simon. „Jedenfalls weiß ich jetzt, warum die Kiefhabers jedesmal vor dem Essen beten."

♠

„Heißt es ‚schlag mir', oder heißt es ‚schlag mich'?"
„Blöde Frage. ‚Schlag mich' heißt es!"
„Dann schlag mich bitte das Buch auf."

♠

Mindestens hundert Leute stehen auf dem Hauptmarkt, reden und glotzen.
Kommt einer hinzu und fragt: „Was ist da los?"
„Keine Ahnung", bekommt er zur Antwort. „Der letzte, der das gewußt hat, ist schon vor einer halben Stunde heimgegangen."

Was ist das?
Es ist gelb, hat 22 Beine und zwei Flügel?
Eine chinesische Fußballmannschaft.

♠

„Unverschämt, diese U-Bahn-Kontrolleure!" schimpft Vera. „Die schauen dich an, als ob du nicht bezahlt hättest!"
„Und du? Was machst du dann?"
„Ich schau' zurück, als ob ich bezahlt hätte!"

♠

Rennt einer durch den Hamburger Hauptbahnhof und brüllt: „Heitungen und Hinkenbrötchen!"
Beugt sich Dr. Pfannenstiel aus dem Fenster und sagt zu ihm: „Mensch, Sie haben ja Polypen!"
„Nein", sagt der andere, „nur Heitungen und Hinkenbrötchen!"

♠

„Habt ihr die Äpfel auch sorgfältig geschält, bevor ihr sie gegessen habt?" fragt Mutti.
„Klar doch. Geschält, dann erst gegessen. Und zum Schluß haben wir auch noch die Schalen gegessen!"

♠

„Sag mal, warum zwinkerst du ständig mit den Augen?"
„Das kommt daher, weißt du, ich seh' immer rote und grüne Ringe vor mir."
„Das ist ja schlimm. Dagegen mußt du etwas machen!"
„Hab' ich schon. Hab' mir eine Brille gekauft."
„Und?"
„Jetzt seh' ich die roten und grünen Ringe viel schärfer."

♠

„Was möchtest du werden?" fragt Herr Kilian.
„Zauberkünstler", antwortet Richard.
„Übst du auch fleißig?"
„Und wie!"
„Was ist dein bester Trick?"
„Die zersägte Jungfrau!"
„Finde ich toll, das alles. Und was sagen deine
Geschwister dazu? – Hast du überhaupt Geschwister?"
„O ja, dreieinhalb Schwestern."

Herr Schmalstich trifft auf der Straße den Doktor Pfannenstiel.
Das ist praktisch, denkt Herr Schmalstich, nun kann ich das Honorar sparen. Und er fragt: „Sagen Sie mal, Herr Doktor, was machen Sie, wenn Sie erkältet sind?"
„Oh, das ist ganz verschieden", antwortet Doktor Pfannenstiel. „Mal huste ich, mal niese ich auch nur."

♠

„Wieviel Zucker möchtest du gerne in den Kaffee?"
„Sieben Stück, bitte."
„Was? Sieben?"
„Ja, aber nicht umrühren. Sonst wird er zu süß!"

♠

„Hast du schon mal 'ne Taube gesehen, die auf dem Kopf stand?"
„Nee, und du?"
„Ich schon!"
„Wo?"
„Uff dem Joethe-Denkmal!"

Frau Weckerl kommt in ihren Tante-Emma-Laden und hat beide Ohren dick verbunden.
„Ja, Frau Weckerl, was haben Sie denn gemacht?" wird sie gefragt.
„Ach, wissen Sie", erklärt Frau Weckerl, „ich habe gebügelt, und da läutet das Telefon. Schusselig, wie ich nun einmal bin, drücke ich statt des Hörers das heiße Bügeleisen an mein rechtes Ohr."
„O je, o je! Aber das linke Ohr! Was ist denn mit dem passiert?"
„Na ja, ich wollte dann gleich die Sanitäter anrufen..."

♠

Für scharfe Denker:
Was macht ein Indianer mit einer Bananenschale?
Er wirft sie weg.

„Herr Doktor, Herr Doktor! Unser Kurtchen hat eine Jagdpatrone verschluckt. Was sollen wir tun?"
„Vorsichtig hinlegen, auf niemanden damit zielen und warten, bis ich da bin!"

♠

Zwei Berliner Jungen unter sich:
„Weeste, die Beene frieren mir."
„Mußte halt feste loofen."
„Det nutzt nischt. Mir friert de Neese ooch, wo se doch immer looft!"

♠

13. April
Der Kapitän schreibt ins Logbuch: „Der Erste Offizier heute stockbetrunken."
14. April
Der Erste Offizier revanchiert sich und schreibt ins Logbuch: „Kapitän heute wieder nüchtern."

♠

Weißt du schon...
... daß man zum Laubsägen nicht unbedingt auf Bäume klettern muß?

♠

Bei Kriechbaums klingelt das Telefon. Herr Kriechbaum hebt ab. Da meldet sich eine fremde Stimme:
„Haben Sie die Nummer 45 45 01?"
„Nein", sagt Herr Kriechbaum, „ich habe die Nummer 45 45 02!"
„Warum heben Sie dann ab, Sie Idiot!" sagt die fremde Stimme am anderen Ende der Leitung.

„Wieso kannst du sagen, ich sei reich?"
„Das habe ich nicht gesagt. Ich habe gesagt, du hättest mehr Geld als Verstand."

♠

„Brauchst du eine Taschenlampe?"
„Nein. Ich finde mich in meinen Taschen auch so zurecht."

♠

Zwei Luftmatratzen schwimmen im Meer.
Ruft die eine: „Paß auf, da kommt ein Haifischschsch... sch."

♠

„Manomann. Wo soll das hinführen!"
„Keine Ahnung."
„Dann sind wir uns ja einig."

♠

„Jetzt halt endlich die Klappe", sagt der Doktor zu Elfilein. „Du quasselst ja pausenlos!"
„Und ich dachte", sagt Elfilein beleidigt, „dies hier ist eine Sprechstunde!"

Für scharfe Denker:
Liegt in der Wüste und ist unsichtbar? Was ist das?
Ein gelber Bindfaden.
Aber was ist das: Liegt in der Wüste und ist schwarz?
Das ist der Schatten von dem gelben Bindfaden.

♠

„Überstanden!" Der soeben Operierte liegt wieder in seinem Zimmer und atmet auf.
„Sagen Sie das nicht zu früh!" stänkert sein Bettnachbar. „Mich mußten sie ein zweites Mal aufschneiden, weil der Professor eine Pinzette in meinem Bauch vergessen hat."
In diesem Moment steckt eine Schwester ihren Kopf zur Tür herein und fragt: „Hat jemand die Brille vom Herrn Professor gesehen?"

♠

„Wo treffen wir uns?"
„Ist mir egal."
„Und wann soll ich kommen?"
„Ist mir auch gleich."
„Mir auch, also tschüüüs!"
„Ja, Tschüs. Und sei pünktlich!"

♠

Tiefe Mitternacht. Das ganze Kaff schlummert, auch der Apotheker Pillenhuber.
Da scheppert die Nachtglocke. Erst flucht der Herr Apotheker, dann fährt er in seine Hosen, dann schlurft er zur Ladentür und fragt durch die Luke, was los sei. Draußen steht Maike, das Mini-Monster.
„Ich möchte bitte für fünfzig Pfennig Malzbonbon!" säuselt Maike.
„Ja, Himmelherr ... usw. Deshalb weckst du mich mitten in der Nacht? Könntest du nicht bei Tag kommen!"
„Da haben Sie auch recht!" sagt Maike und verschwindet im Dunkel.

Städtische Kunstgalerie. Und lauter Kulturfreaks stehen herum. Gescheite Damen, alte Professoren und so. Plötzlich taucht ein nackter Mann auf. Die anderen schauen blöd.
Schon marschiert ein Wärter los und ruft: „So können Sie hier doch nicht herumlaufen!"
„Warum nicht? Da stehen doch lauter nackte Statuen!"
„Ja schon. Aber die sind aus Bimsstein."
„Na und? Ich bin aus Traunstein."

„Herr Doktor, ich habe alles vergessen, sogar meinen Namen!"
„Das werden wir gleich haben. Setzen Sie sich einmal hin. So. Und jetzt zuerst die Personalien. Wie heißen Sie?"

Wolfi wundert sich...
Wieso heißen diese Kerzen Wachskerzen, wenn sie ständig kürzer werden?

Drei Männer stehen auf dem Olympiaturm.
Sagt der eine: „Ein herrliches Flugwetter ist das heute!"
steigt aufs Geländer, breitet die Arme aus, springt hinaus
und segelt in die Tiefe.
„Wirklich einmalig!" sagt der zweite, steigt ebenfalls aufs
Geländer und segelt ab.
„Wenn das so ist", sagt der dritte und springt auch.
Inzwischen sind die beiden ersten schon gelandet, stehen
unten und schauen nach oben.
„Dafür, daß wir beide Engel sind", sagt der eine, „sind
wir ganz schön gemein. Gell?"

♠

Weißt du...
... wer schneller ist, ein Rennpferd oder eine
Brieftaube?
*Auf der Erde ist das Rennpferd schneller. In der Luft ist
es die Brieftaube.*

♠

Beim Sechstagerennen.
Die Rennfahrer strampeln wie die Wilden ums Oval.
Alles starrt gebannt auf sie. Auch zwei Polizisten sind da.
„Mensch", sagt der eine, „schau mal! 36 Fahrräder – und alle ohne vorschriftsmäßige Beleuchtung. Da könnte man vielleicht abkassieren!"

♠

Die Meiers haben zuviel Geld.
Darum brauchen sie auch noch ein Klavier.
Jetzt ist es da und wird von allen bestaunt.
„Toll, diese vielen Tasten!"
„Ja, und wofür sind die schwarzen Tasten?" fragt einer.
„Mit denen spielt man die traurigen Lieder", sagt Herr Meier.

Kurtchen muß sich einen Ausweis ausstellen lassen.
„Besondere Kennzeichen?" fragt der Beamte.
Sie rätseln hin und her.
Jetzt hat's Kurtchen: „Ich kann mit den Ohren wackeln!"
sagt er.

„Mein Bruder hat eine Bohrmaschine erfunden. Die will er sich jetzt patentieren lassen", protzt Heidi.
„Lange genug hat er ja an seiner Nase geübt", meint Ulrike.

Ein Polizist stoppt einen Radfahrer, der in der falschen Richtung durch die Einbahnstraße fährt.
„Halt!" ruft der Polizist. „Und jetzt will ich deinen Namen wissen!"
„Ach", sagt der Radfahrer. „Sie dürfen mich ruhig Paulchen nennen!"

„Unsere Wohnung ist vielleicht feucht, Frau Weckerle, da machen Sie sich gar keine Vorstellung. Gestern hat sich in der Mausefalle sogar ein Fisch gefangen!"

Der Apotheker Pillenhuber rennt einem Kunden nach und ist ganz außer Atem.
„Sie wollten soeben Hustensaft bei mir kaufen. Und jetzt hat man Ihnen versehentlich Zyankali gegeben. Gott sei Dank, daß ich Sie noch erwischt habe!"
„Das wäre schlimm gewesen, nicht wahr?" sagt der Kunde.
„O ja. Das Zyankali kostet nämlich um eine Mark zwanzig mehr!"

Doris klingelt bei der Nachbarin.
„Frau Leberkes, können Sie bitte meiner Mami eine Schere leihen?"
„Ja, schon. Aber sag, hat deine Mami keine Schere?"
„Doch. Aber die ist ihr zum Dösenöffnen zu schade."

Weißt du...
..., was ein Engelchen bekommt, wenn es in einen Misthaufen fällt?"
Kotflügel.

♠

Und wieder hat der Starmeteorologe vom „7 Sat Fernsehen" als einziger Regen prophezeit, und wie immer hat er recht. Es gießt, was herunter geht.
„Herr Kollege, wie machen Sie das bloß?" wird er von einem anderen Wetterfritzen gefragt.
„Nichts einfacher als das", sagt der Starmeteorologe. „Ich brauch' nur meinen Wagen zu waschen, eine Gartenparty zu geben oder einen Ausflug ohne Schirm und Mantel zu machen, und schon regnet es."

♠

Ray Robert kommt im Himmel an.
Petrus holt sein dickes Buch und fragt: „Was hast du unten angestellt?"
„Ich habe zu Cassius Clay ‚Arschloch' gesagt."
Petrus blättert in seinem Buch herum. „Da kann ich aber nichts finden. Wann war das?"
„Vor zwei Minuten", sagt Ray Robert.

„Wissen Sie, wo es zum Bahnhof geht?"
„Leider nein."
„Dann passen Sie gut auf! Sie gehen jetzt diese Straße geradeaus, dann bei der Bäckerei dort links um die Ecke, dann..."

„Ist das der Boxer, den ein Radfahrer über den Haufen gefahren hat?" fragt der Chefarzt.
„Nein, Herr Professor, das ist der Radfahrer."

Carola führt Fahrradkunststücke vor.
„Schau, Mami! Ohne Hände!" ruft sie.
Etwas später:
„Schau, Mami! Ohne Füße!"
Dann macht es „tschirr – bum".
„Schau, Mami!" sagt Carola. „Ohne Zähne!"

„Nicht die Menschen sind es, die die Flüsse verunreinigen", tönt der superschlaue Politiker in den Saal, „sondern die toten Fische verschmutzen unsere Gewässer!"

♠

Karlchen war beim Zahnarzt und ist nun wieder daheim.
„War es eine schmerzlose Behandlung?" fragt Mutti.
„Ich glaube nicht", sagt Karlchen. „Der Zahnarzt ist ziemlich herumgehüpft, nachdem ich ihn in den Finger gebissen hatte."

♠

„Wie ist Ihr Name?"
„Meier."
„Meier? Meier? Meier? Sagen Sie mal, haben Sie vielleicht einen Verwandten in Stuttgart?"

♠

Kennst du...
... den Unterschied zwischen einem Sprungbrett?
Je höher, desto platschsch!

♠

Dolfi ist bei Doktor Pfannenstiel.
Doktor Pfannenstiel horcht an Dolfis Rücken herum.
„Huste mal!" sagt Doktor Pfannenstiel.
Dolfi hustet.
„Fester!"
Dolfi hustet fester.
„Noch einmal!"
Dolfi hustet noch einmal.
„Noch lauter!"
Dolfi hustet noch lauter.
„Also", sagt Doktor Pfannenstiel. „An deiner Lunge kann ich überhaupt nichts finden. Aber sag einmal, seit wann hast du diesen fürchterlichen Husten?"

„So was von faul, diese Gleisarbeiter!" sagt Frau Häberlein. „Sooft wir an ihnen vorbeifahren, stehen sie da und halten sich an ihren Schaufeln fest. Und arbeiten tut nie einer!"

♠

„Warum ist bei den Meisenbrincks drüben so viel Lärm?"
„Ach, die schlagen sich gerade ihre Ferienreise nach Mallorca aus dem Kopf."

♠

Sie reden von Stars, LPs und ihren Lieblingsplatten.
„Ich mag am liebsten die Platten von..."
„Und ich den..."
„Und was ist deine Lieblingsplatte?" wird Kuno gefragt.
„Wurstplatte", sagt Kuno.

♠

Heidi sieht ihrem Onkel zu, wie er sich abmüht, einen Ball einzulochen. Er schlägt hin, schlägt her, schlägt wieder hin...
„Du, Onkel", sagt sie endlich. „Warum darf der Ball nicht ins Loch hinein?"

♠

„Wie heißt du?" fragt der Polizist.
„Müller."
„Und dein Alter?"
„Auch Müller, genau wie ich."

♠

„Meine Füße sind eingeschlafen", stöhnt Tim.
„Das geht ja noch. So, wie sie riechen, dachte ich, sie seien schon vier Wochen lang tot", sagte Tom.

♠

„Heißen Sie nicht Müller?"
„Nein, ich heiße Stanislowskojeminski!"
„Ach ja, diese beiden Namen verwechsle ich immer."

♠

Polizeirevier 5.
„Was haben Sie zu melden?" fragt der Wachtmeister.
„Ein Elefant ist entlaufen", antwortet der Mann.
„Besondere Kennzeichen?" fragt der Wachtmeister.

♠

„Große Tombola! Kaufen Sie Lose! Gehen Sie nicht am Glück vorbei! Kaufen Sie Lose!"
„He! Was kann man bei euch gewinnen?"
„Ein Känguruh!"
„Du liebe Zeit! Was sollte ich mit einem Känguruh?"
„Da mach dir mal keine Sorgen. Unsere Lose sind sowieso alles Nieten!"

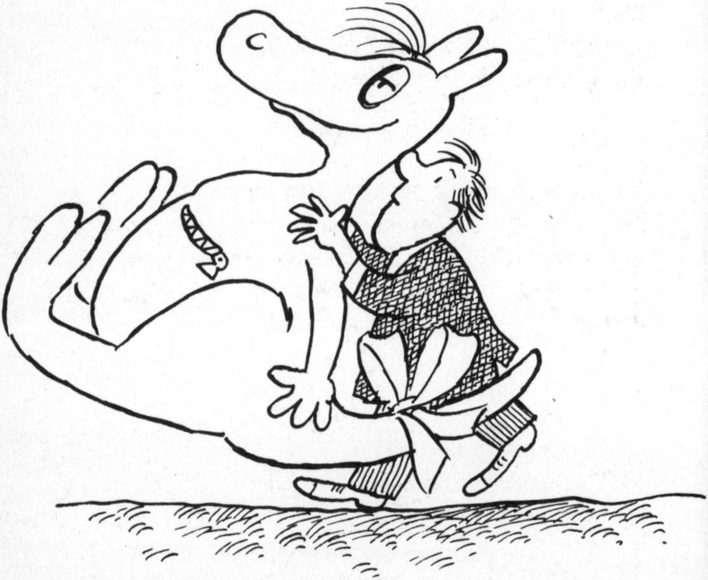

„Das freut mich, daß du dich mit dem Berndi vom Nachbarn so gut verträgst. Soeben habe ich vom Fenster aus gesehen, wie du ihm ein paar Bonbons gegeben hast."
„Das waren keine Bonbons. Das waren dem seine Vorderzähne."

„Den Wievielten haben wir heute?"
„Keine Ahnung."
„Dann schau bitte in die Zeitung!"
„Nützt nichts, die ist von gestern."

Mini-Monster Maike hat eine Brieffreundin.
„Teile mir bitte mit, wann Du Geburtstag hast, damit ich Dir ein schönes, teures Geschenk schicken kann", schreibt Maike. „Übrigens, mein Geburtstag ist nächste Woche!"

„Dies hier ist eine besondere Rarität!" behauptet der Antiquitätenhändler Staubfinger. „Ein nordsibirisches Herrenklosett, spätes sechzehntes Jahrhundert. Äußerst selten und sehr gut erhalten. Dabei kostet es nur lausige siebentausend Mark."
„Was? Diese beiden primitiven Holzprügel. Das sind ja gewöhnliche Äste! Und dafür siebentausend Mark? Was soll denn das Ganze?"
„Ja. Der eine Holzprügel diente zum Draufsetzen und der andere zum Vertreiben der Wölfe."

♠

„Wie schaust denn du aus! Du hast ja eine Riesenbeule am Kopf. Was hast denn da gemacht?"
„Das kommt von meinen Pickeln im Gesicht."
„Und davon kriegt man eine Beule?"
„Ja, der Doktor hat gesagt, ich soll mein Gesicht mit Toilettenwasser einreiben. Und wie ich mich über die Toilette beuge, da ist mir der Deckel auf den Kopf gefallen."

♠

„Schau mal, da vorne fliegt ein Zitronenfalter!"
„Ach, Quatsch. Zitronenfalter sind gelb. Und der ist doch grün."
„Dann ist er halt noch nicht ganz reif."

Denk mal nach:
Warum kann man in einem leeren Sack keine Glasflasche zerschlagen?
Ist der Sack noch leer, wenn eine Glasflasche drin ist?

♠

Rennt so ein Typ zum Bahnhof, wirft sich auf eine Schiene und versucht, ein Stück davon abzubeißen.
„Laß das, Mann!" sagt der Stationsvorstand. „Du mußt weiter nach vorne gehen. Da ist eine Weiche!"

♠

Mäxchen hat einen Reißnagel verschluckt und brüllt wie am Spieß. Die Familie ist völlig durcheinander.
„Jetzt macht doch nicht so 'n Psychoterror wegen dem Scheißreißnagel", tröstet Harald. „Ich kauf' euch glatt einen neuen!"

♠

„Möchtest du Arzt werden?" fragt Dr. Pfannenstiel den Udo nach einer Untersuchung.
„Nee, bestimmt nicht. Da müßte ich mir ja ununterbrochen die Pfoten waschen!"

♠

„Hier ist Angeln verboten!" spricht feierlich der Gemeindepolizist. „Das kostet dich zwanzig Mark!"
„Aber ich angle ja gar nicht, Herr Polente", sagt frech unser Dolfi. „Ich bade ja nur meinen Wurm."
„In Ordnung", antwortet der Gemeindepolizist. „Aber das kostet fünfzig Mark!"
„Wieso das?"
„Dein Wurm hat keine Badehose an."

Lars hat sich ein Radio gekauft und bringt es wütend in den Laden zurück.
„So ein Mistkasten!" schimpft er und ist stinksauer.
„Verstehe ich nicht", sagt der Händler. „Du wolltest doch ein Gerät, das die ganzen Sender der Welt herkriegt."
„Ja, schon. Aber nicht alle auf einmal!"

„Geh'n wir in den Zirkus! Da soll ein vierzig Zentimeter großer Zwerg auftreten."
„Blödsinn. Ich hab' schon
viel größere Zwerge gesehen."

Paule sitzt im Zug. Ihm ist furchtbar schlecht. Er hat Pflaumen gegessen und viel Wasser dazu getrunken! Dem Paule gegenüber sitzt ein ganz feiner Herr und schaut schrecklich ernst drein.

Alles wäre gutgegangen, wenn der Zug nicht plötzlich gerumpelt hätte. Da macht es „knulpsch" in dem Magen von Paule, und der feine Herr hat die ganze Sache auf seinem Anzug.

Der feine Herr springt auf und schreit: „Was erlaubst du dir, du Schwein, du...!"

Das läßt sich Paule nicht gefallen. „Was sagen Sie zu mir? Schwein sagen Sie zu mir? Schaun Sie sich doch mal selber an! Wie Sie ausschauen!"

ICH WÜNSCH MIR ZUM GEBURTSTAG EINEN NERZ...

ABER DEN KÄFIG MUSST DU DANN ALLEIN SAUBERMACHEN!

Der Dachdecker Schmitz ist vom Dach gefallen. Das war leider sein Ende.
Nun muß das seiner Frau beigebracht werden. Und zwar möglichst schonend.
„Ich mach' das schon", sagt einer von den Kollegen.
Er geht zu Frau Schmitz, klingelt, und als sie ihm öffnet, fragt er: „Sind Sie die Witwe vom Schmitz?"
„Nein, ich bin die Frau Schmitz!"
Darauf der Kollege: „Wetten daß?"

♠

Auf dem Kirschbaum von Herrn Stopka hockt irgend so ein Kerlchen.
„Was suchst du auf meinem Kirschbaum!" brüllt Herr Stopka.
„Fallobst", piepst das Kerlchen.

Für scharfe Denker:
Warum darf man in einer Apotheke nicht herumbrüllen?
Damit die Schlaftabletten nicht aufwachen.

♠

„Wo waren Sie gestern abend?" fragt der eine.
„Im Theater", sagt der andere.
„Was haben sie gegeben?" fragt der eine weiter.
„Fünf Mark."
„Nein, ich meine, welches Stück?"
„Ein Fünfmarkstück."
„Nein, ich meine, was die Schauspieler gegeben haben?"
„Die haben gar nichts gegeben. Die sind umsonst reingekommen", sagt der andere.

Michael ist in den Ferien beim Pfarrer. Vor dem Mittagessen sagt der Pfarrer:
„Weil Michael unser Gast ist, darf er heute das Tischgebet sprechen."
Au weia! Michael hat keine Ahnung, wie man das macht.
Da hilft ihm der Pfarrer: „Was sagt denn eure Mutter zu Hause, bevor ihr eßt?"
„Bekleckert euch nicht, ihr Ferkel!"

Susanne kauft einen Briefumschlag.
„Was für einer soll es denn sein?" fragt die Verkäuferin.
„Ein wattierter, bitte", sagt Susanne. „Der Brief geht nach Alaska."

Der vergeßliche Professor hat einen Elefanten operiert.
„Also, diesmal haben wir bestimmt keine Instrumente im Patienten liegengelassen", sagt er.
Auf einmal wird er unruhig.
„Wo ist denn Schwester Hilde?" ruft er.

Zwei Luftballons fliegen durch die Wüste.
Sagt der eine: „Paß auf, da ist ein Kaktussssssssss."
Antwortet der andere: „Das macht doch nichtssssss."

Jedes Haustier in der Gemeinde muß einen Ring am linken Ohr bekommen. Von wegen der Ordnung. Das ist eine Anweisung von ganz oben!
„Sauarbeit!" stöhnt der Bürgermeister.
„Kann ich mir denken. Die vielen Rinder und Schweine..."
„Das wäre das wenigste gewesen", sagt der Bürgermeister. „Aber die Bienen! Die Bienen!"

UND VON DER BRIEFTAUBENZUCHT KÖNNEN SIE LEBEN?

GUT SOGAR. MORGENS VERKAUFE ICH 20 TAUBEN, UND ABENDS SIND SIE WIEDER HIER!

„Wie klein ist doch die Welt", sagte Herr Memmelmann, als er seinen Taschenatlas durchblätterte.
„Wie klein ist doch die Welt", sagten auch die beiden Fliegen, als sie sich schon zum dritten Mal an diesem Tag auf dem Globus über den Weg liefen.

♠

„Du, Mutti, die Müllenbrinks von nebenan sind wirklich unmusikalische Menschen!"
„Warum?"
„Sie haben dem Karlchen ein Messer gegeben. Damit soll er seine Trommel aufschlitzen und nachsehen, was der Weihnachtsmann darin versteckt hat!"

♠

Horsti hat sein Kleinauto umspritzen lassen. Es ist jetzt rot und nicht mehr gelb wie früher.
„Die Leute haben mir nämlich immer ihre Briefe eingeworfen", erklärt Horsti.

♠

Was ist das?
Hockt im Wald und schreit immer: „Aha"?
Ein Uhu mit einem Sprachfehler.

Schon drei Jahre lang hocken die Schiffbrüchigen auf ihrer einsamen Insel im Pazifik, und kein Dampfer kommt vorbei, der sie abholen würde. Allmählich wird es langweilig.

Pitt blättert in seinem Taschenkalender. Plötzlich fährt er hoch: „Mensch, Conni, morgen is' was los! Morgen hat meine Oma Namenstag!"

Parolen für Sprayer:
Freiheit für Grönland – nieder mit dem Packeis!
Freiheit für Luis Trenker – nieder mit der Eigernordwand!
Gott sieht alles – außer Dalles!
Seid realistisch – fordert alles!
Lieber Ostern als Western!
Lieber arm dran als Arm ab!
Freie Sicht aufs Mittelmeer – weg mit den Alpen!
Freiheit für Lehrer – zwei Stunden am Tag sind genug!

♠

Herr Kronbusch geht nach Hause. In der Spiegelgasse sieht er einen winzigen Wicht, der sich vergeblich abmüht, an einer Hausglocke zu läuten.
„Soll ich dir helfen?" fragt der freundliche Herr Kronbusch. „Du bist ja noch viel zu klein."
„O ja, bitte", sagt der winzige Wicht.
Herr Kronbusch drückt kräftig auf die Klingel.
„So", sagt dann der winzige Wicht. „Jetzt müssen wir beide aber kräftig sausen. Da drinnen wohnt nämlich der Boxer Meier!"

♠

Kommt ein Kunde in die Bank und sagt zum
Schalterbeamten: „Geben Sie mir die Kontoauszüge,
aber schnell, Sie Idiot!"
„Wa... was haben Sie da gesagt?" stottert der
Schalterbeamte.
„Geben Sie mir die Kontoauszüge, aber schnell, Sie
Idiot!" wiederholt der Kunde.
„Also, also, das muß man sich aber nicht gefallen
lassen!"
Der Schalterbeamte ist empört, rennt zum Direktor und
beschwert sich.
„Wieviel Geld hat der Mann auf seinem Konto?" fragt
der Direktor.
„Vier Millionen", sagt der Schalterbeamte.
„Na, dann geben Sie ihm die Kontoauszüge, aber
schnell, Sie Idiot!" antwortet der Direktor.

♠

„Komm rein!"
„Geht nicht. Hab' schmutzige Füße."
„Macht nichts. Kannst ja die Stiefel anbehalten."

Das Bayernspiel ist aus, und Xaverl will durch ein Loch im Maschendraht des Olympiageländes ins Freie schlüpfen.
„He!" schreit da ein Wachmann. „Willst du nicht sofort dort hinausgehen, wo du hereingekommen bist!"
„Mach ich doch gerade!" sagt Xaverl.

♠

„Meine Freundin spielt im Schultheater mit", erzählt Ralf. „Da hat sie eine Rolle, die beinahe über ihre Kräfte geht."
„Versteh' ich nicht. Sie hat doch eine stumme Rolle!"
„Ja, genau das ist es eben!"

♠

„Wie kommt man am besten durch die Wüste?"
„Als Löwe."

♠

Heute braucht die kleine Susi ihre Suppe nicht zu essen, weil eine Fliege drin herumgeschwommen ist.
„Ich will auch eine Fliege haben!" heult Mäxchen.

♠

Echt tierisch

„Mama, ich bin ja sooo traurig!" schluchzt das Glühwürmchen. „Die Lehrerin hat heute gesagt, daß ich nie eine große Leuchte werde."

♠

Der kleine Tausendfüßler braucht schon wieder neue Schuhe.
„Aber bitte, bitte, Mami", fleht er. „Kauf mir keine Schnürstiefel mehr!"

♠

„Sag mal, ist das dein Hund, der die ganze Nacht lang bellt?"
„Ja. Oder glauben Sie vielleicht, ich hätte Zeit für so einen Quatsch?"

♠

Was denkt ein Gorilla, wenn ein Wärter vergessen hat, den Käfig zu schließen?
„Hoffentlich trampeln keine Menschen in meine schöne Wohnung herein!"

♠

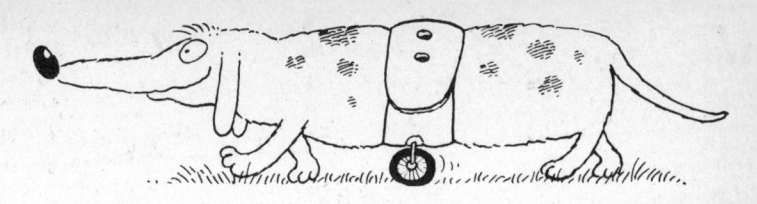

„Also, das geht nicht", beschwert sich Karli. „Mein Bruder Konny schleppt eine Ziege an und will sie in unserem gemeinsamen Kinderzimmer unterbringen. Dieser Gestank!"

„Mach halt das Fenster auf!"

„Ja, und meine Papageien, der Truthahn, die vier Gänse, die Eule und meine Enten, was ist mit denen? Die fliegen dann fort!"

Herr Brahmann kauft sich eine Dogge.
„Mag der Hund auch kleine Kinder?" erkundigt er sich
vorsichtshalber beim Züchter.
„O ja", sagt der. „Aber billiger kämen Sie mit
Hundekuchen hin."

♠

Es ist Abend.
„Husch, husch ins Brettchen!" ruft die Holzwurmmama.

♠

Weißt du...
... warum die Giraffen so lange Hälse haben?
Weil die Blätter so hoch in den Bäumen hängen.
Und warum hängen die Blätter so hoch in den Bäumen?
Damit sich die Giraffen nicht bücken müssen.

♠

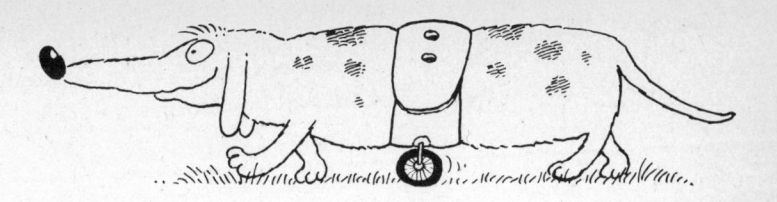

Die Fliege Sissi hockt auf der Kruppe eines Pferdes.
Da kommt eine andere vorbei und fragt: „Was treibst du denn da?"
„Lenk mich nicht ab!" ruft Sissi. „Wir kämpfen um den Großen Preis von Aachen!"

♠

Es ist Winter. Eine Schnecke klettert auf einen Kirschbaum.
„Was suchst du denn da oben?" ruft ihr eine andere zu.
„Kirschen", sagt die Schnecke.
„Im Winter sind doch keine Kirschen am Baum!"
„Aber wenn ich oben bin, dann schon!"

♠

„Wie alt ist diese Truhe?" fragte Vater den Trödler.
„Vierhundert Jahre", antwortete der Trödler und fügt dann hinzu: „Was gibt es da zu kichern?"
„Ich habe nicht gekichert", antwortete Vater. „Das war nicht ich, das war der Holzwurm."

♠

Der kleine Igel hat sich verlaufen.
Heulend rennt er durch den Botanischen Garten und fragt jeden Kaktus: „Bist du's, Mammi?"

Treffen sich zwei Heringe mitten im Ozean.
„Hei", sagt der eine.
„Wo?" antwortet erschrocken der andere.

♠

„Hallo, hallo, ist dort der Tierschutzverein?" ruft
Fräulein Zinkl ins Telefon. „Ist dort der
Tierschutzverein?"
„Ja. Was ist los?"
„Sie müssen mir sofort jemanden herschicken. Auf dem
Baum vor unserem Haus hockt ein Postbote und
beschimpft meine süße Dogge in ganz, ganz schlimmer
Weise!"

♠

Der kleine Frosch steht an der Straßenecke und heult:
„Ich mag nicht mehr, ich mag nicht mehr!"
„Was magst du nicht mehr?"
„Immer das gleiche essen."
„Wieso?"
„Immer wenn ich in den Supermarkt komme und sage
‚Quaak', geben diese Idioten mir Quark!"

♠

Die Schildkrötenfamilie hockt nur noch vor dem Fernseher. Fußballweltmeisterschaft! Es wird immer spannender. Fast nicht mehr zum Aushalten!
Da schickt Schildkrötenpapa den Kleinsten (wen sonst!) zum Automaten: „Hol schnell einmal Zigaretten!"
Nach fünf Stunden kommt der Kleine zurück, streckt aber nur den Kopf zur Tür herein und fragt: „Mit oder ohne Filter?"

♠

„Du, im Zoo haben sie einen hochintelligenten indischen Elefanten. Der arbeitet für drei!"
„Und das nennst du intelligent?"

♠

„Auf einem Bein kann man nicht stehen", sagte der Tausendfüßler und kippte noch 999 Klare hinunter.

♠

„Bei so einem Smog, wie wir ihn haben, kann ich ab fünf Uhr früh nicht mehr schlafen!"
„Weil du Atembeschwerden hast?"
„Nein, weil die Meisen vor meinem Fenster sitzen und husten, was das Zeug hält!"

♠

„Es soll Hunde geben, die intelligenter sind als ihr Herrchen", sagt einer.
„Na klar", erwidert Karl-Konrad. „So einen habe ich auch!"

♠

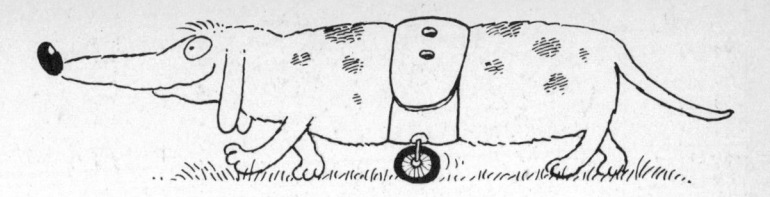

Zwei Fliegen möchten nach Köln.
„Du, wir setzen uns einfach auf ein Motorrad, das nach Köln fährt", schlägt die eine vor.
„Gute Idee", lobt die andere. „Aber dann muß ich schnell noch heim und eine Sonnenbrille holen. Ich mag nicht, daß mir dauernd Mücken in die Augen fliegen."

♠

„Vorsicht Hund!" steht am Gartentor bei Kinnigls.
Da geht Susanne lieber nicht hinein, sondern läutet brav.
Frau Kinnigl kommt heraus, und hinter ihr schleicht ein mickriges Hündchen daher, kaum größer als eine Maus.
„Wegen diesem Winzling hätten Sie das Schild aber nicht anbringen müssen!" sagt Susanne und lacht.
„Doch!" antwortet Frau Kinnigl. „Mir ist wichtig, daß die Leute nicht auf ihn drauftreten."

Weißt du...
..., was ein Storch macht, wenn er auf einem Bein steht?
Er überdenkt den nächsten Schritt.

Die Kühe auf der Weide schütteln ihre Köpfe. Es ist einfach nicht mehr mit anzusehen, wie die Rosalie von Tag zu Tag magerer wird.
Eine weiß, woher das kommt: „Die Rosalie ist so abergläubisch, daß sie nur noch vierblättrigen Klee frißt!"

♠

„Ist euer Hund wachsam?"
„Und wie! Der bellt sogar, wenn ich nur von Einbrechern träume!"

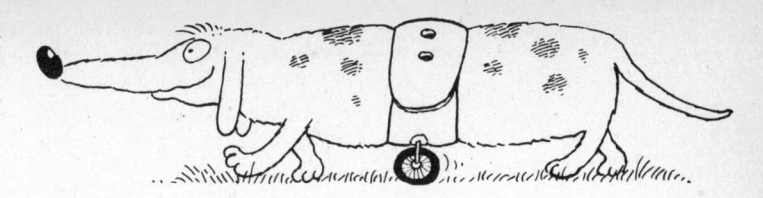

Die Heringsmama gibt Schwimmunterricht.
„Halt dich gerade!" haucht sie den kleinen Hering Otto
an. „Oder willst du als Rollmops in der Büchse enden?"

♠

„Ich möchte einen Papagei, der sprechen kann!"
„Die sind leider momentan ausverkauft. Aber da hätten
wir einen Specht, der perfekt das Morsealphabet
beherrscht."

♠

Wenn sich eine Biene auf eine Brennessel setzt, sticht
dann die Brennessel die Biene oder die Biene die
Brennessel?

♠

„Warum schnattern die Stare so viel, bevor sie auf ihre große Reise in den Süden gehen?"
„Vielleicht sagen die Starenmamis ihren Kindern, daß sie vor dem Flug noch mal aufs Klo gehen sollen."

♠

Im Zoo. Der kleine Kurt faßt den schlafenden Löwen am Schwanz und zieht daran.
„Hörst du wohl sofort auf!" fährt die Mutti dazwischen. „Wenn das der Wärter sieht, wird er wütend!"

♠

Frosch und Storch treffen sich auf einer Wiese.
„Was frißt du eigentlich?" fragt der Storch.
„Fliegen", sagt der Frosch. „Und was frißt du?"
„Frösche", antwortet der Storch.
Da lacht der Frosch trocken und blickt sich um:
„Frösche? Ja, gibt's denn hier überhaupt welche?"

♠

„Du hast aber einen netten Hund! Habt ihr den selbst aufgezogen?"
„I wo, der ist von alleine gewachsen!"

♠

Ulrike ist traurig.
„Petronella, meine Schildkröte, ist entlaufen!"
„Das ist ja schlimm. Aber gib doch ein Inserat in der Zeitung auf!"
„Petronella kann doch nicht lesen!"

Weißt du...
..., was entsteht, wenn man eine Motte mit einem Elefanten kreuzt?
Wahnsinnig viele Löcher im Pulli.

♠

Weißt du...
..., warum die Biene einen Stachel hat?
Damit sie den Honig umrühren kann.

♠

Zwei Hühner stehen vor dem Schaufenster eines
Haushaltswarengeschäftes und bestaunen die Eierbecher.
„Schau mal", sagt das eine Huhn, „was die für schicke
Kinderwagen haben!"

♠

Trifft ein Schäferhund einen Mops und beginnt zu
grinsen.
„Was hast du denn angestellt?" fragt der Schäferhund.
„Bist wohl mit hundert Sachen gegen eine Mauer gerast,
was?"

♠

„Kannst du mir hundert Mark pumpen?" fragt ein
Tausendfüßler seinen Kumpel.
„Ausgeschlossen. Meine Frau hat gestern neue Schuhe
gebraucht. Und jetzt sind wir pleite bis zur nächsten
Eiszeit!"

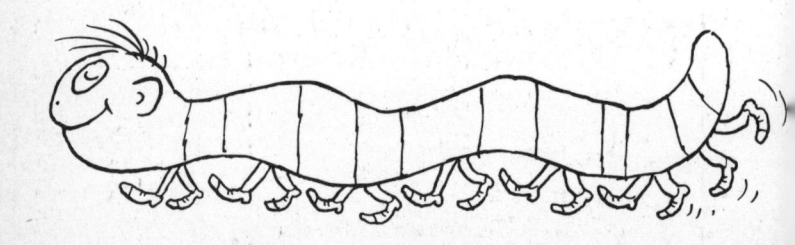

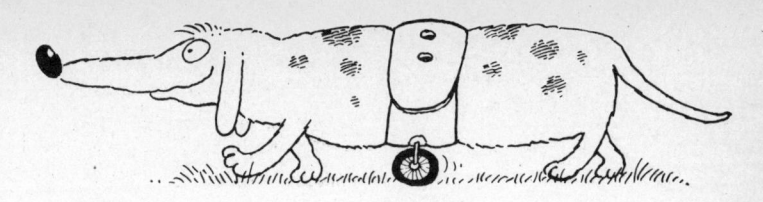

Die Hasen sind mit der Aufklärung ihrer Kinder noch weit zurück.
„Wie ist das, Mami?" fragt der kleine Hase. „Die Menschen bringt der Storch. Wie bin ich zur Welt gekommen?"
„Dich hat der Zauberer aus dem Zylinder gezogen."

Weißt du ...
... was das gibt, wenn man ein Schwein mit einem Tausendfüßler kreuzt?
Das ergibt pro Schwein tausend Schweinshaxen!

♠

Weißt du ...
... warum ein Elefant nicht radfahren kann?
Weil er keinen Daumen zum Klingeln hat.

♠

Weißt du ...
... warum die Bienen summen?
Weil sie sich keinen Text merken können.

„Die Heringe legen Millionen Eier im Jahr!"
„Das ist aber ein Glück, daß die Heringe dabei nicht gackern!"

Weißt du...
... warum die Hunde ihre Zunge so weit heraushängen lassen?
Weil der Kopf zu kurz ist.

♠

„Kannst du mich nicht einmal besuchen?" fragt die hübsche Hundedame unseren Bello.
„Unmöglich", sagt Bello. „Bin total durchgestreßt!"
„Vielleicht morgen vormittag?"
„Kommt der Postbote. Muß ich bellen."
„Morgen mittag?"
„Kommt Herrchen. Muß ich begrüßen!"
„Morgen nachmittag?"
„Kommt Nachbars Schnauzi vorbei. Muß ich knurren!"
„Wie wär's am Sonntag?"
„Da schon gar nicht. Kriegen wir Besuch. Muß ich mit dem Schwanz wedeln!"

♠

Cowboys, Colts und coole Knacker

Die Cowboys hocken in der Bar und spielen Karten.
Da springt einer auf und schreit: „Jetzt hab' ich dich! Du spielst falsch! Du hast ein fünftes As aus dem Ärmel gezogen!"
„Stimmt", sagte der andere. „Aber aus deinem Ärmel!"

♠

Cowboy Joe sitzt beim Pokern. Da flüstert ihm einer zu: „Mensch, haste noch nicht überzogen, der andere spielt mit falschen Karten!"
Flüstert Cowboy Joe zurück: „Solang der nicht merkt, daß ich mit falschen Dollars bezahle, macht das gar nichts!"

♠

Der Cowboy Tommy Terry ist in der Stadt beim Zahnarzt gewesen und hat keinen einzigen Zahn mehr im Mund.
„Hör mal", wird er gefragt. „Du wolltest dir doch nur einen Zahn reißen lassen!"
„Das schon. Aber der Doc konnte nicht auf einen Zwanzigdollarschein herausgeben."

♠

Der Prediger wettert, daß den frommen Gläubigen die Ohren schlackern:
„Habt ihr noch nicht kapiert, daß man euch in den Kneipen alles wegnimmt, was wichtig ist? Eure Seelen und das sauer verdiente Geld! Und schaut euch die Gastwirte an! Wie sie daherkommen, voller Ringe, die schönsten Kleider an, die Taschen voller Geld. Und wer zahlt das? Ihr, ihr Trottel..."
Monate später trifft einer diesen Prediger. Rennt zu ihm hin. Schüttelt ihm die Hand und steckt ihm ein Bündel Dollars zu und sagt:
„Reverend, Ihre Predigt hat mein ganzes Leben umgekrempelt!"
„Das freut mich, mein Sohn. Hast du aufgehört zu trinken?"
„Was heißt aufgehört. Eine Kneipe habe ich aufgemacht!"

Sieben Uhr am Morgen. Der Boß der Texas-Bar
schlummert in seinem Bett.
Da rasselt das Telefon. „Wann... wann macht die Bar
auf?" fragt einer am anderen Ende der Leitung.
„Heute abend, du Idiot!" brüllt der Boß und knallt den
Hörer hin.
Nach einer Stunde läutet es wieder.
„W... w... wann macht die Dings, die Bar auf?" fragt
der andere wieder.
„Ja, verdammt noch mal! Heute abend!" brüllt der Boß
und hängt ein. Dann versucht er nochmals einzuschlafen.
Aber gegen Mittag scheppert das Telefon schon wieder.
Dann kommt nur noch ein Röcheln aus der Leitung:
„Wann macht ihr auf!"
„Mann! Bist du wahnsinnig! Heute abend! – Und
außerdem kommen Besoffene bei mir überhaupt nicht
rein!"
„W... w... wieso r... r... rein? Ich will hier raus!"

♠

Kommt ein Fremder auf eine Farm und fragt: „Wo kann
ich den Billy Bill sprechen?"
„Kannste nicht sprechen", sagt der Farmer.
„Es heißt aber, daß Billy Bill einen Büchsenschuß von
hier entfernt wohnt."
„Genau deshalb kannst du ihn nicht sprechen."

Bargespräch im Wilden Westen.
„Kennst du die Oma vom Cliff Ryder?"
„Und ob! Ein schreckliches Weib!"
„Wieso?"
„Sie hat eine giftige Zunge!"
„Was du nicht sagst!"
„Ja, die Indianer kommen von weither, um mit ihrer Spucke die Pfeile zu vergiften!"

Sitzen vier Cowboys in einer Bar und pokern. Auf einmal läßt einer von ihnen die Karten sinken, gleitet vom Hocker und ist tot.
Da steht einer von den anderen auf und spricht feierlich die Worte:
„Freunde, wir sollten Steve zu Ehren die nächste Runde stehend spielen!"

♠

Ein Western wird gedreht.
„Zum Schluß", sagt der Regisseur zum Hauptdarsteller, „springst du von der Brücke direkt in den Fluß, kapiert?"
„Mann, ich kann doch nicht schwimmen!" protestiert der.
„Ach, da mach dir mal keine Gedanken. Das ist sowieso die letzte Einstellung in diesem Film!" beruhigt ihn der Regisseur.

♠

In Prescott/Arizona haben sie einen Pferdedieb gefangen und geleiten ihn nun zum Galgen.
Der Kerl ist stocksauer, meckert ständig, nichts paßt ihm. „Ein Scheißwetter ist das heute", sagt er. „Und Kopfweh hab' ich auch..."
„Also", sagt der Henker. „Gegen das Scheißwetter kann ich leider nichts machen. Aber gegen das Kopfweh, da hab' ich was" – und angelt nach dem Strick.

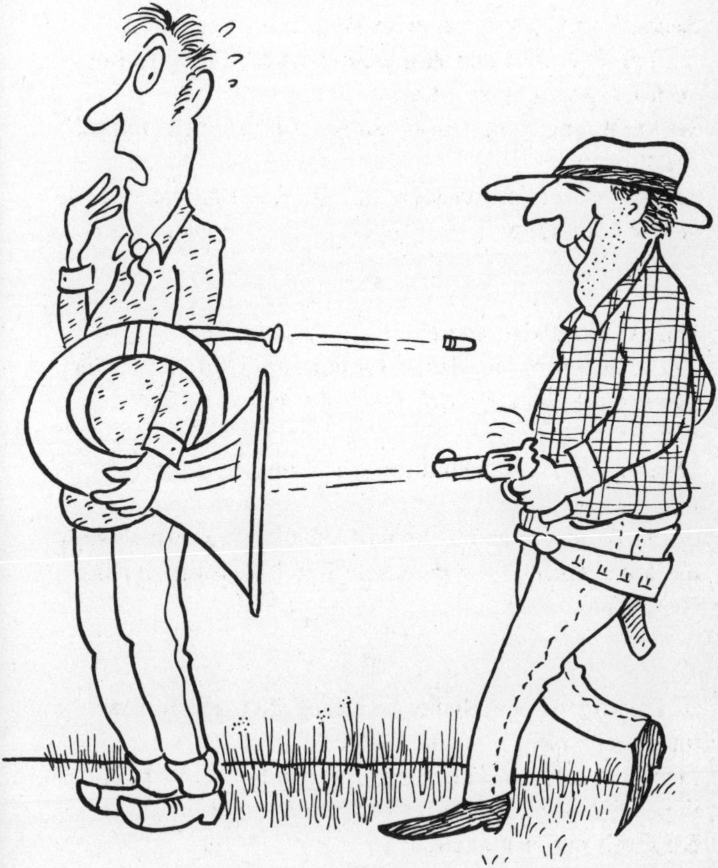

Eine Schule im Wilden Westen. Der Lehrer müht sich ab, um auf irgendeine Frage einmal eine Antwort zu kriegen. Kriegt aber keine. Es ist zum Verzweifeln.
In der Pause dann grinsen sich die Cowboysöhne eins:
„Bei uns sind schon ganz andere umgelegt worden, nur, weil sie zuviel gewußt haben!"

♠

George ist aus bester Familie. Und das sollte man auch im Wilden Westen nicht vergessen.
„Meinen Großvater hat die Queen Viktoria mit einem Schwert an der Schulter berührt und machte ihn so zu einem Lord", erzählt er.
„Pah", sagt Clark. „Meinen Großvater hat Jimmy Cole mit der Faust am Kinn berührt und machte ihn so zum Engel."

Kommt einer, ein Kerl wie eine Lokomotive, in die Bar und brüllt: „Wo ist Rocky Rivera?"
Steht so eine halbe Portion auf und sagt lächelnd: „Ja? Sie wünschen, Mister?"
Da haut die Lokomotive dem Kleinen eines vor die Kinnlade, daß die Fenster zittern, und verschwindet ohne ein weiteres Wort.
Als der Kleine nach geraumer Zeit wieder Zusammenhängendes hervorbringen kann, lacht er schallend und sagt: „Diesen Idioten habe ich vielleicht drangekriegt. Ich bin nämlich gar nicht Rocky Rivera!"

♠

Die Cowboys sitzen da und pokern. Mit einem Mal gibt es eine kleine Meinungsverschiedenheit.
Woody, der nicht gerne redet, steht auf und gibt Tom Hale einen vor die Kinnlade.
„War das jetzt Ernst, oder war's Spaß?" fragt Tom Hale und reibt sich seinen Unterkiefer.
„Das war mein Ernst!" sagt Woody.
„Dann ist's gut", meint Tom Hale. „In solchen Dingen verstehe ich nämlich keinen Spaß!"

♠

Woody sitzt in der Bar und versucht, mit einem Zahnstocher eine Olive in seinem Martini aufzuspießen. Weil es aber schon sein zehnter Martini ist, hat er gewisse Probleme damit.

Wie er eine Weile so herumstochert, sagt O'Neal zu ihm:
„Gib schon her, ich mach' das!" Nimmt das Glas – und,
schwupp, mit einem Stich hat er die Olive.
„Siehst du, so macht man das!" sagte er.
„Kunststück", sagt Woody. „Nachdem ich das Biest
schon müde gehetzt habe!"

♠

Da wackelt der Familientisch

„Ich war heute im Schönheitssalon", erzählt Helen.
„Und warum bist du nicht drangekommen?" fragt der böse Bruder Mike.

♠

„Was hat dir dein Bruder zum Geburtstag geschenkt?"
„Ein leeres Sparschwein."
„Das sieht ihm ähnlich!"
„Nein, eigentlich kein bißchen."

♠

In Omas Wohnung blitzt alles mustergültig.
„Paß auf", sagt sie, als Lars sie besucht, „ich habe gebohnert!"
„Das macht nichts", sagt Lars. „Ich habe Spikes an den Turnschuhen."

♠

Omi kommt in die Kirche gerannt und hält ein Stück Speck in der Hand.
Als sie mit dem ersten Lied anfangen, bekommt Omi einen Schreck. „Du liebe Zeit! Jetzt habe ich das Gesangbuch ins Sauerkraut geworfen!"

♠

Fernsehgespräch.
„Fritz", ruft Mutti. „Hast du was gesagt?"
Keine Antwort.
„He, Fritz, hast du was gesagt?"
„Was?"
„Ob du was gesagt hast?"
„Ob ich was?"
„Ob du was gesagt hast?"
„Wer?"
„Du!"
„Wann?"
„Jetzt!"
„Nö, das war gestern."

Damit Anschi später einmal ganz toll aussieht, bekommt sie jetzt eine Zahnspange verpaßt.
„Mami, krieg' ich auch so eine Stoßstange ins Gesicht?" fragt der kleine Bruder Kurt.

♠

„Was macht dein Vater am Samstagabend?"
„Seit Jahren dasselbe."
„Und was?"
„Er zerreißt Lottoscheine."

♠

„Wie bringen Sie am Morgen Ihren Julius aus den Federn, Frau Hofmeister?"
„Ganz einfach. Ich schieb' ihm einen Hundekuchen unters Kopfkissen."
„Und das hilft?"
„Nicht so ohne weiteres. Ich muß dann noch zu unserem Bernhardiner sagen: Hol's Fressi!"

♠

„Ist deine Schwester durch die Schlammpackung wirklich schöner geworden?"
„Ja, zuerst schon. Aber dann ist das Zeug wieder abgebröckelt."

Paule ist bei Taubmanns zu einer Geburtstagsparty eingeladen.
„Und sei schön artig und nett", verabschiedet ihn Mutti an der Haustür. „Und vergiß nicht, dich am Schluß bei den Leuten für dein Benehmen zu entschuldigen!"

♠

Tante Ernestine kommt zu Besuch, zum ersten Mal.
Staunt der kleine Tobi: „Tante, dich haben wir uns ganz anders vorgestellt."
„Wie denn?" fragt Tante Ernestine. „Alt und häßlich vielleicht?"
„Nö, ganz im Gegenteil..."

♠

Onkel Paul ist zu Besuch. Ziemlich lange schon. Alle sind einhellig der Meinung, daß er nun schön langsam wieder heimfahren könnte.
Da faßt sich Mutti ein Herz: „Sag mal, lieber Onkel Paul, hast du nicht manchmal Sehnsucht nach deiner Frau, unserer lieben Tante Ernestine?"
„Lieb von dir, daß du das sagst", meint Onkel Paul. „Ich werde ihr gleich schreiben, daß sie kommen soll!"

♠

Pützchen hat Geburtstag und bekommt ein Nähkästchen geschenkt.
Etwas zögernd sieht sie es durch.
Aha, Nähnadeln, Schere, Faden – alles ist da, was so dazugehört.
Und Pützchen sucht immer noch weiter.
„Fehlt was?" wird sie gefragt.
„Die Gebrauchsanleitung."

♠

Sie haben das Schwesterchen getauft.
Während der ganzen Zeremonie hat es keinen Mucks gemacht, darum lobt der Pfarrer: „Brav hat sich die Kleine gehalten!"
„Klar", sagt Andy stolz. „Wir haben ja vorher schon eine Woche lang mit der Gießkanne trainiert!"

♠

„Mami! Mami! Schnell! Ich habe die große Leiter umgestoßen!"
„Dann hol Papi, damit er dir hilft."
„Der kann nicht, der hängt an der Dachrinne!"

♠

„Was schenkst du deiner Schwester zum Geburtstag?"
„Eine nagelneue Füllung ihrer Luftmatratze!"

♠

Onkel Karl erkundigt sich: „Wie geht die Uhr, die ich dir zur Firmung geschenkt habe?"
„Also, einfach toll! In einer Stunde schafft sie lässig neunzig bis hundert Minuten!"

♠

Heiner hält sein Brathendl fest mit beiden Händen und nagt daran so herum, daß sich die feine Tante Adele vor allen anderen Gästen zu genieren beginnt.
„Man nimmt das Messer in die rechte Hand und in die linke die Gabel. Und so ißt man!" zischelt die ihm zu.
Da kann Heiner nur grinsen. „Und womit willst du dann das Hendl halten? He?"

♠

Es kracht, daß die Bilder an den Wänden wackeln.
"Ogottogott", haucht Omi. „Was war denn das?"
„Da hat wieder mal so ein wahnsinniger Düsenjäger die Schallmauer durchbrochen", erklärt Wolfi.
„Dann verstehe ich aber nicht", meint Omi, „warum man nicht endlich einmal diese Schallmauer einreißt!"

Weißt du...
... daß der beste Schirm gegen Regen der Bildschirm ist?

♠

78

„Ich möchte aber zwei Stück Kuchen haben!" mault der verfressene Berti.
„Kannste haben", sagt Schwester Luise. „Schneide dein Stück einfach durch!"

♠

Sabinchen liegt im Bett und jammert.
„Mami, mich friert!"
„Dann zieh halt deine Beine unter die Decke. Die schauen ja raus!"
„Ich mag aber diese kalten Dinger nicht im Bett haben!"

Weißt du...
... was ein Elefant macht, wenn er auf einem Baum sitzt und sich nicht mehr herunter traut?
Er wartet, bis es Herbst wird und die Blätter fallen. Dann setzt er sich auf ein Blatt und segelt herunter.

♠

Klausi kommt aufgeregt aus der Küche zu Vati gelaufen.
„Vati, Vati! Maike hat eine ganze Flasche Eierlikör ausgetrunken. Und jetzt will sie mir aus Spaghetti einen Pulli stricken!"

♠

„Wir sollten unserer Tante Ernestine einmal eine echte Geburtstagsfreude machen."
„Weißt du was! Schicken wir ihr doch einen anonymen Liebesbrief!"

♠

Lukas hat den sechzehnten Geburtstag.
„Komm her", sagt Vati. „Setz dich einmal, heute also hast du den sechzehnten Geburtstag." Dann angelt sich Vati das Zigarettenetui und hält es Lukas hin. „Na, nimm schon", sagt er aufmunternd, „jetzt bist du alt genug!"
„Ach, weißt du, Papi", sagt Lukas, „gerade jetzt, wo ich mir vor einem halben Jahr das Rauchen abgewöhnt habe...!"

♠

„Unsere Tante Tekla singt nicht mehr im Kirchenchor."
„Seit wann?"
„Seit sie krank war und die Leute den Pfarrer gefragt haben, ob denn nun endlich die Orgel repariert sei!"

6 9759-16

Sie waren bei Papis Chef eingeladen. Schon drei Tage vorher war von nichts anderem mehr die Rede als vom Bravsein. Aber wie das so ist...
Kaum waren sie beim Chef, rannte Karlchen ein Konsoltischchen um, und die riesige Vase war hin. Total im Eimer.
„Hoffentlich war sie nicht wertvoll!" sagte Karlchen.
„Sie war aus dem 15. Jahrhundert", sagte die Frau des Chefs mit eisiger Miene.
„Gott sei Dank", antwortete Karlchen. „Und ich dachte schon, sie sei neu gewesen."

♠

„Finden Sie auch, daß mir mein Sohn sehr ähnlich sieht?" fragt der Vater.
„Ooch, das sollten Sie nicht so tragisch nehmen. Hauptsache, er ist gesund", bekommt er zur Antwort.

Weißt du...
... wie man zu einem Kakadu sagt, wenn er 18 wird?
Kakasie.

Und dann wird Uwe gefragt, ob er sich denn auch freue über sein Schwesterlein.
„Ich habe mich doch schon gestern gefreut", sagt Uwe.

♠

Mutti ist auf Erholung fort. Es gibt dennoch ein Mittagessen, denn Ulrike übernahm das Kochen.
So dachten sie wenigstens. Aber als sie heimkamen, gab es nichts als eine verzweifelte Ulrike.
„Es gibt nichts, der Strom ist ausgefallen", jammert sie.
„Aber, wir haben doch Gas!"
„Ja, schon. Aber der Dosenöffner ist elektrisch!"

♠

Der Großbrand ist endlich gelöscht. Die Feuerwehr rollt die Schläuche zusammen und fährt die Leitern ein. Eine Menge Leute schauen zu.
„Siehst du", sagt da eine Mutti zu ihrem Uwe, „wie schön die Männer ihre Spielsachen wieder zusammenräumen!"

♠

Kurti kommt mit einem blauen Auge heim.
„Wie siehst du denn aus!" ruft Mutti. „Habt ihr euch geprügelt?"
„Ja, so ein Idiot hat mich angegriffen."
„Und, würdest du ihn wiedererkennen?"
„Logo. Hab' ja sein rechtes Ohr in der Tasche."

♠

„Ist Ihr Sohn wirklich erst neun Jahre alt?"
„Ja."
„Das ist aber erstaunlich!"
„Wieso?"
„Daß man in so kurzer Zeit so schmutzig werden kann."

♠

„Tobias! Wo bleibst du so lange? Du läßt mich dauernd rufen und kommst nicht!" schimpft Mutti.
„Ich habe dich erst gehört, als du mich zum dritten Mal gerufen hast", entschuldigt sich Tobi.

♠

Kuno verschlingt, was ihm unter die Augen kommt. Nachts erwischt ihn Mami vor dem offenen Kühlschrank, natürlich mampfend.
„Sag mal, wirst du nie satt?"
„Ich frühstücke jetzt schon", erklärt Kuno. „Dann muß ich morgens nicht so früh aufstehen."

♠

„Der Arzt hat meinem Bruder empfohlen, das Tennisspielen aufzugeben", erzählt Inge.
„Wieso, ist er krank?"
„I wo. Er hat ihn spielen gesehen!"

Andi hat seiner Schwester, dem Mini-Monster Maike, den ganzen Kuchen weggegessen und sieht deshalb der Heimkehr Maikes mit berechtigter Sorge entgegen.
„Jetzt möchte ich ein Mäuschen sein", sagt er.
„Wieso ausgerechnet ein Mäuschen?"
„Weil das das einzige auf der Welt ist, wovor dieses Weib Angst hat!"

♠

„Abends, beim Schlafengehen sagt Anschi zu Mami:
„Mami. Du hast mir immer so schöne Geschichten erzählt. Heute möchte ich dir zur Abwechslung einmal eine Geschichte erzählen. Einverstanden?"
„Wenn du meinst..."
„Also, es ist aber nur eine ganz kurze Geschichte."
„Schon recht."
„Hör zu. Es war einmal eine schöne, kostbare, alte Vase... und die ist nun kaputt."

♠

Familie Schmidt hat Nachwuchs bekommen.
„Ein Brüderchen oder ein Schwesterchen?" wird Uwe gefragt.
„Was denn sonst?" fragt er zurück.

♠

Mami hat Fichtennadel-Badetabletten gekauft.
„Eigentlich praktisch, dieses Zeug", sagt Uli ein paar
Tage später. „Es schmeckt zwar scheußlich, aber man
erspart sich das lästige Waschen."

♠

„Huuugo! Huuugo, wo bleibst du so lange!"
„Ich habe zu viel Zahnpasta aus der Tube gedrückt. Und
jetzt kann ich das Zeug nicht mehr zurückschieben!"

Weißt du ...

... mit welcher Hand man den Kaffee umrührt? Mit der
rechten oder der linken?
*Den Kaffee rührt man überhaupt nicht mit der Hand um,
sondern mit dem Löffel.*

♠

Draußen im Treppenhaus ein Schrei, ein Sturz, ein Poltern.
„Haste gehört, Mami? Jetzt hat Vati meinen anderen Rollschuh gefunden!"

♠

Bei Taubmanns haben sie Zwillinge bekommen.
„Mensch, machen die nicht einen fürchterlichen Lärm?" wird der Taubmann-Willi gefragt.
„Das ist gar nicht so schlimm", sagt er. „Da schreit der eine so laut, daß man den anderen gar nicht hören kann."

♠

Uwe hat ein Schwesterchen bekommen.
„Wie heißt es denn?"
„Keine Ahnung", sagt Uwe. „Es spricht noch zu undeutlich."

Papi hat einen Auftrag für seinen kleinen Karli. „Hier hast du einen Brief und hier eine Mark achtzig. Damit gehst du zur Post, kaufst eine Marke, klebst sie auf den Brief und wirfst ihn ein. Kapiert?"
„Klaro", sagt Karli und haut ab.
Als er zurückkommt, hat er das Geld immer noch.
„Da hast du's wieder", verkündet er stolz. „Ich hab' den Brief in den Kasten werfen können, als keiner von den Postlern hergeschaut hat."

Schwesterchen Susi fingert hektisch in ihrem Wollknäuel herum. Bruder Beppo schaut zu und grinst schadenfroh.
„Du suchst das Ende, nehm' ich an", sagt er.
„Ja."
„Da kannst du lange suchen. Das habe ich nämlich abgeschnitten."

♠

„Begleitest du mich zur Straßenbahn?" fragt die liebe Tante Cordula.
„Geht nicht", sagt Fritz, „denn wenn du fort bist, schneidet Mutti die Torte an."

♠

„Was möchtest du zum Geburtstag?" fragt Papi seine liebe Tochter Karin.
„Willst du raten?"
„Ja."
„Es macht ticktack, und man kann damit herumfahren."
„Das weiß ich nicht!"
„Ganz einfach: eine Armbanduhr und ein Fahrrad", sagt die liebe Tochter.

♠

„Was wünscht sich deine Schwester zu Weihnachten?"
„Geld. Sie spart auf ein Fahrrad."
„Und? Schenkst du ihr welches?"
„Quatsch. Geld kann ich nicht basteln."

♠

Der kleine Tommi spielt mit der elektrischen Eisenbahn,
fingert ungeschickt daran herum und bekommt einen
leichten Schlag.
„Ich mag nicht mehr", sagt er. „Die Eisenbahn ist mir zu
elektrisch!"

♠

„Kann dein Bruder schon laufen?"
„Ne, das gerade nicht. Aber Beene hat er schon."

Weißt du ...
... was man braucht, um einen Gartenschlauch zu
verschicken?
Eine Holzkiste, die 8 Zentimeter breit und 20 Meter lang ist.

Das kleine Schwesterchen hat Fieber. Doktor Pfannenstiel horcht mit dem Stethoskop ihren Rücken ab.
„Jetzt telefoniert er mit meinen Bazillen", flüstert das Schwesterlein.

♠

„Warum hat Gott zuerst den Adam und dann erst die Eva erschaffen?"
„Er wollte erst einmal üben, bevor er sein Meisterwerk anfertigte!" behauptet Petra.

♠

„Meine Mutter reitet aus Schlankheitsgründen."
„Und? Hilft's ein wenig?"
„Ja, das Pferd hat schon zehn Kilo abgenommen."

Was ist das?
Man fährt in ein Loch hinein, bei drei Löchern heraus und ist dann mittendrin?
Das Nachthemd.

„Vati, Dieter hat mich einen Esel genannt. Das muß ich mir doch nicht gefallen lassen! Oder?"
„Nein, stell dich ruhig einmal auf deine Hinterbeine!"

„Heute habe ich den Bus verpaßt. Da bin ich die ganze Strecke einfach zu Fuß gelaufen und habe so zwei Mark vierzig gespart", erzählt Uwe zu Hause.
„Schade, daß du nicht das Taxi verpaßt hast", sagt da die kluge Schwester. „Da hättest du zweiundzwanzig Mark gespart!"

♠

„Unser Bruder macht uns große Sorgen."
„Ach nee!"
„Ja. Er ist gerade mit seinem Segelboot im Mittelmeer unterwegs. Gestern kam eine Karte. Darauf stand: ‚Ich liege an Deck in der Sonne und habe Zypern im Rücken!'"
„Na und?"
„Jetzt können wir nur hoffen, daß er diese Zypern wieder loskriegt und bald wieder gesund wird!"

Muck und seine größere Schwester Anschi haben im Wohnzimmer eine Kissenschlacht gemacht. Und jetzt ist die kostbare alte Vase hin.
O weia, wer soll das der Mami beibringen?
„Mach du's", sagt Muck zu seiner Schwester. „Du kennst sie schon länger als ich!"

Das Mini-Monster Maike hat den ganzen Kuchen weggefressen.
„Hast du überhaupt nicht an dein Brüderchen gedacht?" tadelt die Tante.
„Doch. Die ganze Zeit. Darum habe ich mich ja so beeilt."

♠

„Was tust du da?"
„Ich wasche mir die Haare."
„Mensch, da macht man sich doch die Haare naß!"
„In diesem Fall nicht. Auf der Tube steht: Für trockenes Haar."

Unser Urgroßopi ist 100 Jahre alt geworden.
Großes Tamtam im Städtchen. Sogar das Fernsehen ist da.
„Können Sie unseren Zuschauern einen Tip geben?" fragt der Reporter. „Was muß man tun, damit man 100 wird?"
„Also, vor allem muß man aufpassen, daß man nicht vorher stirbt", philosophiert unser Urgroßopi.

♠

„Seit wir den neuen Wagen haben, müssen wir
wahnsinnig sparen. Wenn für die Goldfische das Wasser
gewechselt wird, gibt's mittags Fischsuppe!"

♠

„Vati, diesmal kriegst du von mir so viel zum
Geburtstag, daß du es gar nicht auf einmal tragen
kannst!" verspricht Tina.
Vati ist sehr gespannt darauf, was das wohl sein könnte.
Und was kriegt er?
Zwei Krawatten.

♠

„Wir sind heute abend neun Personen, und wir haben
nur sieben Tortenstücke da!" jammert Mutti.
„Halb so schlimm", sagt Vati. „Bis dahin sind die Kinder
sicher wieder einmal so frech, daß wir sie zur Strafe
sofort ins Bett schicken können."

♠

Susilein kommt angeschnauft und ist total gestreßt.
„Was war los?"
„Frühjahrsputz gehabt", stöhnt Susilein.
„Was hast du alles gemacht?"
„Meine Handtasche ausgeräumt."

Ricki wird gefragt: „Was würdest du tun, wenn du jetzt einen Riesen-Lottogewinn hättest?"
„Dann würde ich...", sagt Ricki, „... dann würde ich mir ein ganz, ganz tolles weißes Kleid kaufen und einen irre schicken weißen Mantel, und dazu weiße Schuhe und weiße Strümpfe. Und dann würde ich mir die größte und schwärzeste Pfütze suchen und darin herumwaten und herumwühlen und herumtoben...!"

♠

Kurt macht wieder einmal Terror, weil er sein Matheheft nicht findet.
Da geht Mutti ins Kinderzimmer. Ein Griff – und schon hat sie's.
„Na, siehst du", sagt sie. „So macht man das!"
„Kunststück!" meint Kurt. „Wo ihr Erwachsene doch größere Augen habt!"

♠

Gine kommt zu Mami ins Zimmer.
„Mami, jetzt weiß ich endlich, was ich dir zu Weihnachten schenke. Einen doppelten Frisierspiegel."
„Aber, Liebes, einen doppelten Frisierspiegel habe ich doch schon!"
„Gehabt, Mami. Haste gehabt!"

♠

„Zu Oma und Opa gehe ich nie wieder!" sagt Sascha zu Hause zu Mutti. „Die sitzen den ganzen Tag auf dem Sofa herum und haben nichts an!"
„Um Gottes willen, was sagst du da? Die haben nichts an?"
„Nein, gar nichts, kein Fernsehen, kein Radio, nichts!"

♠

Maike, das Mini-Monster, hat Krach mit ihrem Bruder. „Halt die Klappe", faucht sie. „Sonst schnauf' ich dich ein und nehm' Rizinusöl!"

Tom schenkt seinem Bruder zum Geburtstag eine
Packung Blitzwürfel.
„Alle sind vollkommen o.k.", sagt er. „Ich hab' jeden
schon ausprobiert."

♠

„Wir spielen in der Schule das Märchenstück: Die
Schöne und das Monster. Und ich habe die Hauptrolle!"
säuselt Susi.
„So. Und wer spielt die Schöne?" fragt der Bruder.

Weißt du...
... daß Arbeit das Leben süß macht?
Schon, aber ich soll Süßigkeiten meiden wegen der Zähne.

♠

„Mutti, Klausi hat schon wieder einen Fisch gegessen!"
„Wie oft muß ich es denn noch sagen! Ihr sollt nicht aus
Vatis Aquarium naschen!"

♠

„Was habt ihr heute in der Schule gemacht?" fragt Opa.
„Den gemeinsamen Nenner gesucht", berichtet Fritz.
„Unglaublich. Haben die den immer noch nicht gefunden? Den haben wir auch schon gesucht."

♠

„Sag mal, hast du meinen Ur-ur-ur-Großvater gekannt?"
„Nein, wie kommst du darauf?"
„Warum erzählst du dann pausenlos seine Witze?"

♠

Partyvorbereitung. „Wie trinkt dein kleiner Bruder den Kakao?" fragt Elli.
„Halb-halb", antwortet Gabriele.
„Was heißt das?"
„Halb trinkt er ihn, halb kippt er ihn auf den Teppich."

♠

Zwei Mütter begegnen sich.
„Was hat Ihr Bengel wieder angestellt? Er rennt ja seit Tagen mit einem eingebundenen Kopf herum."
„Den hat er hingehalten, als Ihr artiger Junge mit einem Stück Holz draufgeschlagen hat."

♠

„Kurti, warum weint deine kleine Schwester?"
„Weil ich ihr geholfen habe."
„Geholfen? Wobei?"
„Die Schokolade aufzuessen."

♠

„Wo bleibt denn Max, es wird doch schon dunkel!"
„Du hast gesagt, er muß den Bumerang wegwerfen,
Mami. Und das versucht er schon seit drei Stunden."

♠

„Bodo!" schreit die Mutter entsetzt. „In deiner Tasche ist
ja eine lebende Maus!"
„Verdammt! Und die Frösche? Sind die nicht mehr
drin?"

♠

„Wenn Michael das Schlagzeug kriegt, dann muß ich
aber ein Fahrrad bekommen, damit ich schnell
wegkomme, wenn er übt", mault Katrin.

♠

Ulrike hat ein Süppchen gekocht und ist mächtig stolz darauf.
Nur Bruder Xaver stänkert herum.
„Sie ist versalzen", sagt er.
„Ich habe gelesen", verteidigt sich Ulrike, „daß der Mensch Salz braucht. Ungefähr zwei Kilo pro Jahr soll er essen."
„Ja, aber nicht auf einmal. Oder?" meint Xaver.

♠

„Ich geh' immer mit den Hühnern zu Bett", behauptet unsere dicke Tante Emma.
Da kichert Trudi ganz spitz.
„Was gibt's da zu lachen?" fragt die dicke Tante.
„Das muß aber komisch aussehen, bis du auf das Stängelchen kommst!" sagt Trudi.

♠

„So zerstreut wie unser Opa, das gibt's gar nicht! Wenn der seine Pfeife ausklopft, sagt er erst ‚herein' und schaut dann nach, wer draußen ist!"

♠

Omilein kommt vom Friseur nach Hause.
„Richtig toll, wie du jetzt aussiehst, Omilein", sagt Antje. „Gar nicht mehr wie eine alte Frau!"
„Oh, das freut mich aber, daß du das sagst", sagt Omilein.
„Jetzt siehst du aus wie ein alter Mann."

♠

„Du kannst es dir aussuchen. Entweder bist du artig, oder du gehst sofort ohne Essen ins Bett!"
„Was gibt's denn heute?" fragt der vorsichtige Hubert.

„Manchmal wünschte ich, ich wäre ein Hund!" sagt Vati.
„Wieso denn?"
„Dann würden andere Leute für mich die Steuern bezahlen!"

♠

Tante Emilie kommt zu Besuch und hat eine faustgroße Brosche vor ihrem Busen.
„Sag mal, Tantchen", wird sie gefragt, „warum trägst du den Rückstrahler vorne und nicht hinten?"

♠

„Warum kannst du nicht wenigstens ausnahmsweise einmal meiner Meinung sein?" fragt Felix.
„Weil wir dann beide unrecht hätten!" antwortete das Schwesterlein.

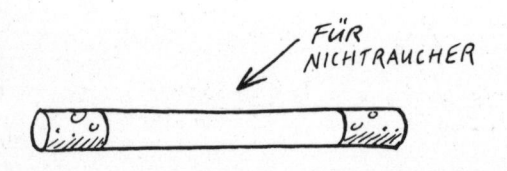

FÜR NICHTRAUCHER

Hansi muß zum Metzger laufen und ein Kilo Aufschnitt
holen, weil Besuch kommt. Und er soll sich bitte beeilen.
Er macht das prima. Aber Mutti wiegt den Aufschnitt
nach, weil es ihr etwas zuwenig zu sein scheint. Darum
ruft sie sofort den Metzger an und beschwert sich:
„Ich habe den Aufschnitt nachgewogen, da fehlt ja fast
ein halbes Pfund!"
„Wiegen Sie einmal Ihren Hansi nach", meint der
Metzger. „Vielleicht hat er ein halbes Pfund zu viel."

♠

„Ich will wieder Süßigkeiten haben!" heult Pützchen.
„Ich habe alles aufgegessen, und jetzt ist nichts mehr da!"
„Sei still", sagt Tante Hildegard. „Vielleicht bringt dir der Weihnachtsmann noch mal neue."
„Den habe ich ja auch aufgegessen!" heult Pützchen.

♠

„Wenn du mal einen freien Abend hast, dann kannst du ruhig etwas Mathematik üben!"
„Ich habe aber nie einen freien Abend."
„Wieso das?"
„Ich gehe immer rechtzeitig ins Bett."

Weißt du...
... warum es Gummibärchen gibt, aber keine Gummielefanten?
Die Tüten kämen zu teuer.

♠

Mit voller Power
in die Mauer

Motorradrennen. Startschuß. Peng!
Und alle sausen los. Nur einer bleibt stehen.
„Mensch! Warum fahren Sie nicht?" schreit der Starter.
„Weil du mir in den Reifen geschossen hast!" brüllt der Fahrer.

♠

„Horsti, wie war das mit deinem Gebrauchtwagen? Wieviel Kilometer hat er gemacht?"
„Hundertsechzig!"
„Donnerwetter! Hundertsechzig in der Stunde?"
„Nein, im ganzen."

♠

Das einzige Düsenflugzeug der Fluggesellschaft Crash-Line befindet sich über dem Ozean. Da beginnen plötzlich die Aggregate zu rauchen wie ein Fabrikschlot, die Tragflächen bröckeln schön langsam ab, und der Flugkapitän greift zum Mikrofon:
„Meine Damen und Herren, wir haben hier ein kleines technisches Problem. Bitte bewahren Sie absolute Ruhe! Es besteht nicht der geringste Grund zur Aufregung. Ich werde Hilfe holen."
Dann greift er zum einzigen Fallschirm an Bord und springt ab.

Roboter RoX1hi kommt an eine Tankstelle, sieht eine superschlanke Zapfsäule und hätte gern mit ihr geplaudert.
„Bist du auch ein Roboter?" fragt er die Zapfsäule.
Keine Antwort.
„Ob du ein Roboter bist?"
Wieder nichts.
Da wird er wild. „Verdammt! Jetzt nimm endlich einmal den Finger aus dem Ohr, damit du mich verstehen kannst!"

♠

„Beppo hat nichts als sein Auto im Kopf!"
„Das ist doch gut. Da spart er sich die Garage."

♠

Manni braust mit seiner Honda durch die Gegend. Da kommt ein Polizeiwagen, überholt ihn und hält ihn an.
„Sie sind mindestens hundertvierzig in der Stunde gefahren!" schnauzt der Polizist.
„Bei ihnen tickt's wohl nicht richtig!" wehrt sich Manni.
„Wo ich doch erst zehn Minuten unterwegs bin!"

♠

Herr Bleibein ist wieder einmal mit seinem Auto viel zu schnell gewesen und bekommt ein Bußgeld aufgebrummt.
Der Polizist reicht ihm die Quittung.
„Was soll ich damit?" faucht Herr Bleibein.
„Aufheben", sagt der Polizist. „Wenn Sie zwölf beisammen haben, kriegen Sie ein Fahrrad!"

Das Flugzeug kreist über der Wüste. Der Motor hat ausgesetzt, und die Maschine setzt zur Notlandung an. Unten läuft den Löwen bereits das Wasser im Munde zusammen.

„Aber vergeßt nicht", sagen die besorgten Löwenmuttis zu ihren Kinderchen, „von Flugzeugen kann man nur das Innere essen!"

♠

Isidor ist zum erstenmal geflogen und redet von nichts anderem mehr.
„Ihr glaubt nicht, wie toll das ist, fliegen, fliegen und immer wieder fliegen..."
„Ich kann diese Viecher nicht leiden!" brummt Beppo.

♠

Horsti kommt mit dem Kleinwagen zu Radio-Huber.
„Ich möchte ein Autoradio."
„Mit Lang-, Mittel- und Ultrakurzwelle?"
„Nein. Ich habe einen Kleinwagen, da geht nur Kurzwelle rein!"

♠

Rudi fährt mit Dorchen ins Grüne.
Da haben sie eine Panne. Rudi steigt aus.
„Nicht schlimm!" ruft er. „Der Reifen ist nur unten platt!"

♠

Fernfahrerraststätte. Ein im Auspuffgestank ergrauter Brummilenker möchte in Ruhe sein Schnitzel verspeisen. Da kommen draußen ein paar Motorradfreaks mit einem kernigen Sound angefahren, latschen in den Speisesaal und setzen sich an den Tisch unseres Brummilenkers.
„Na, schmeckt's, Grufti?" fragt einer. „Komm, laß mich mal probieren!" sagt er dann, packt das ganze Schnitzel und frißt es auf.
„Wie ist das Cola hier?" fragt ein anderer, nimmt das Glas des Brummilenkers und säuft es aus.
„Willst du Ketchup?" fragt ein dritter, nimmt die Flasche vom Tisch und bespritzt den Brummilenker.
Der legt das Geld auf den Tisch und verschwindet, ohne ein Wort zu sagen.
„So eine abgemackerte Mumie!" lachen die Freaks.
„Läßt sich alles gefallen und macht 'ne Fliege!"
„Ja", sagt der Wirt, „und Auto fahren kann er auch nicht. Soeben hat er beim Zurückstoßen drei Feuerstühle zu Schrott verarbeitet!"

Tommy Allen, der supersportliche Porschefahrer, gleitet mit 100 durch die Landschaft. Plötzlich traut er seinen Augen nicht mehr.
Da fährt doch tatsächlich so ein junger Typ mit seinem Moped auf gleicher Höhe neben ihm her.
Tommy tritt aufs Gaspedal. 120. Der Typ hält mit. 140. Der Typ ist immer noch da.
160. Es ist unglaublich, dieser Mopedzwerg ist nicht abzuschütteln. 180! Er ist immer noch neben Tommy!
Da beginnt Tommy, die Sache sportlich zu nehmen. Er bremst ab. Der Typ tut das gleiche. Tommy läßt das Seitenfenster runter und fragt: „Na, Kleiner? Hast wohl den Tiger im Tank!" ruft er.
„Nö", sagt der Typ. „Meinen Schlips in Ihrer Tür!"

Was ist das?
Ist gelb, grün oder rot und fliegt nach Amerika?
Das sind Gummibärchen in einem Jumbo-Jet.

Isidor steht zum ersten Mal in einem Cockpit und ist von den tausend Hebeln, Skalen, Knöpfen und Zeigern tief beeindruckt.
„Mannomann", sagt er zum Piloten. „Sagen Sie mal, wie haben sich die Leute früher orientiert, bevor es dieses Zeugs da alles gab?"
„Oh, die Burschen damals waren ganz clever", erzählt der Flugkapitän. „Wenn die wissen wollten, wo sie gerade waren, dann sind sie einfach gelandet. Der Pilot hat die Stewardeß fortgeschickt, um Brötchen zu kaufen, und an der Aufschrift der Tüte haben sie erkannt, wo sie waren."

♠

Omilein besteigt den Jumbo-Jet. Es ist ihr erster Flug, aber Omilein ist mutig und heiter.
„Wo möchten Sie am liebsten sitzen?" fragt die Stewardeß.
„Am Fenster", antwortet Omilein. „Ich liebe frische Luft!"

♠

„Keine Angst", erklärt der rasende Detlev in seinem Kleinauto den erschrockenen Mitfahrern, als es plötzlich dunkel wird. „Wir unterqueren nur einen Tanklastzug!"

„Daddy", meint Alex, „laß mich bitte mal mit dem BMW fahren, ich bin doch schon alt genug."
„Du schon..., aber der BMW noch nicht!"

♠

Die Linienmaschine ist unterwegs von Paris nach Helsinki.
Da stürmt ein maskierter Typ ins Cockpit und brüllt: „Sofort Kursänderung! Unser Ziel ist jetzt Kairo! Ich haben Pistole da!"
Der Pilot grinst.
„Da sind Sie zu spät dran, Mister. Vor fünf Minuten war ein Fräulein mit einer Bombe da, die hat Havanna bestellt!"

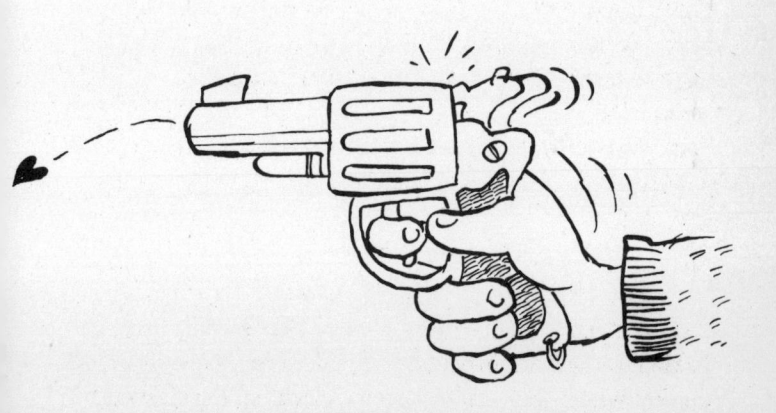

„Wo hast du deinen Wagen geparkt?"
„Gleich hinter dem Haus, direkt an der Ruine des Gartenhäuschens."
„Ruine? Du gefällst mir! Mein Gartenhäuschen ist so gut wie neu!"
„Ich sage doch, daß ich direkt davor mein Auto geparkt habe!"

♠

Trudilein der Straßenschreck fuhr mit 150 Sachen bei Regen in eine Linkskurve.
Als sie wieder aufwachte, lag sie in einem Bett, und ein alter Herr mit Lockenbart beugte sich über sie.
„Was ist passiert?" fragte Trudilein.
„Du hattest einen Unfall."
„Und was soll ich mit dem Lenkrad da in der Hand?"
„Das ist kein Lenkrad. Das ist eine Harfe, mein Engel", sagte der alte Herr.

Für scharfe Denker:
Wenn ein Auto in scharfem Tempo eine Rechtskurve nimmt, welches Rad wird dabei am wenigsten abgenutzt?
Das Reserverad.

Mario kommt mit einer Kawasaki dahergebraust.
„Halt!" ruft da ein Polizist. „Kann ich deinen
Führerschein sehen?"
„Aber, ich dachte", stottert Mario, „einen Führerschein
braucht man erst mit 18 Jahren!"

♠

Trudilein der Straßenschreck hat den ersten Wagen
bekommen. Und schon bei der ersten Ausfahrt bleibt das
Ding stehen.
Kommt ein Kavalier der Straße daher und sieht sich die
Sache an. Nach einiger Zeit weiß er's:
„Fräulein, Ihr Wagen hat ja kein Benzin mehr!"
„O je. Aber sagen Sie mal, wenn ich jetzt ganz, ganz
vorsichtig heimfahre, kann das dem Motor schaden?"

♠

Der Roboter RoX1hi, seine Freunde nennen ihn Robby,
geht in eine Gastwirtschaft und sieht einen
Spielautomaten.
„Hallo, Kumpel", sagt Robby und klopft dem
Spielautomaten auf den Deckel.
Da rasselt der Automat und spuckt Münzen um Münzen
aus.
Erschrocken sagt Robby: „Mit so einer Erkältung sollten
Sie aber zu Hause bleiben, Herr Kollege!"

Der Lastwagen nähert sich einer Unterführung.
„Mist", sagt der Fahrer. „Jetzt müssen wir umkehren.
Die Unterführung ist nur bis 2,50 Meter Höhe
zugelassen. Und wir haben 3,60!"
„Ach, mach dir doch nicht in die Hose. Gib Gas und
durch!" sagt der Beifahrer. „Ist ja kein Bulle in der
Nähe!"

♠

„Hast du einen Führerschein?" fragt der Polizist.
„Ja. Möchten Sie ihn sehen?"
„Nein, das ist nicht notwendig. Nur, wenn du keinen
gehabt hättest, dann hätte ich ihn sehen müssen!"

♠

„Horsti, du wolltest doch mit deinem Kleinwagen nach
England? Ist daraus nichts geworden?"
„Ach, weißt du, ich habe gehört, daß die da drüben
Linksverkehr haben. Das habe ich dann auf der
Autobahn München–Nürnberg ausprobiert. Und ich muß
sagen, die paar Stunden haben mir gereicht!"

♠

Trudilein der Straßenschreck hat auf der Autobahn einen Geisterfahrer überholt und wird gestoppt.
„Ihren Führerschein!" sagt der Beamte. „Den sind Sie los!"
„Wieso Führerschein?" fragt Trudilein. „Den habe ich doch schon vorige Woche einem Ihrer Kollegen gegeben. Sagen Sie bloß nicht, den haben Sie verschlampt!"

♠

Roboter RoX1hi geht spazieren und kommt an einer
Verkehrsampel vorbei.
Da schaltet die Ampel auf Rot.
„Jetzt hat sie mir zugezwinkert!" freut sich Robby.

♠

Wieder einmal wird Trudilein der Straßenschreck
angehalten.
„Sagen Sie mal, haben Sie das Schild mit der
Geschwindigkeitsbeschränkung nicht gesehen?" fragt der
Polizist.
„Sie glauben doch nicht im Ernst", sagt Trudilein, „daß
man bei dem Tempo, das ich draufhatte, noch ein
Verkehrsschild erkennen kann? Na also. Und jetzt lassen
Sie mich weiterfahren!"

♠

Trudilein der Straßenschreck steht eisern an einer
Kreuzung. Hinter ihr hupen sie wie wild, aber Trudilein
fährt nicht weiter.
„Ja, zum Donnerwetter, warum fahren Sie nicht?" brüllt
der Schutzmann. „Jetzt hat die Ampel schon mindestens
zehnmal gewechselt, und Sie stehen immer noch da!"
„Der Arzt hat mir Rotlicht verordnet", sagt Trudilein.

♠

Die Gemeinde hat vor der Schule ein Plakat angebracht:
„Bitte überfahren Sie unsere Schulkinder nicht!"
Einer hat daruntergeschrieben:
„Warten Sie lieber, bis die Lehrer kommen!"

♠

Wegen der Benzinkrise besteht allgemeines Fahrverbot.
Da meldet sich Karl-Theodor im Rathaus und will eine
Ausnahmegenehmigung.
„Ich möchte die Leute zur Autobahn fahren", sagt er.
„Was wollen die Leute an der leeren Autobahn?" wird er
gefragt.
„Die leere Autobahn besichtigen", sagt Karl-Theodor.

♠

„Hast du unseren neuen Wagen auch wieder schön in die Garage gestellt?" fragt Vati.
„Ja", antwortet unser großer Bruder. „Das heißt, die wichtigsten Teile sind schon drin."

♠

Horsti hat sich endlich ein neues Auto gekauft. Ein toller Wagen mit allen Schikanen, so hat es beim Autohändler geheißen.
„Jetzt wollte ich losfahren, und schon funktioniert der Anlasser nicht!" beschwert er sich beim Autohändler.
„Siehst du, das ist schon die erste Schikane", sagt der.

♠

Klausi hat einen Kleinwagen gekauft, alt und billig, und fährt zum Tanken vor.
„Volltanken und waschen!" sagt er.
„... auch bügeln?" fragt der Tankwart.

Horsti prüft sein Auto. Und die Schwester Susi hilft ihm dabei.
Horsti schaltet den Scheinwerfer ein.
„Geht!" ruft Susi.
Horsti schaltet das Rücklicht ein.
„Geht!" ruft Susi.
Horsti schaltet den Blinker ein.
„Geht – geht nicht – geht – geht nicht – geht – geht nicht!" brüllt Susi.

♠

„Was kostet ein Rundflug über Frankfurt?"
„Wollen Sie den Flug hin und zurück?"

♠

Der Tankwart meint: „Ihre Reifen sind abgefahren, mein Herr."
„Dann nichts wie hinterher!" ruft der Mann.

♠

Klausi bringt seinen Kleinwagen zum Mechaniker.
Der rutscht unter das Auto, klopft ein wenig herum, und als er wieder zum Vorschein kommt, sagt er:
„Also, ehrlich. Wenn's ein Pferd wäre, würde ich sagen, sofort erschießen!"

♠

Die Astronauten verlassen die Milchstraße.
„Alles in Butter", funken sie der NASA zurück.

Die Boeing hebt ab und nimmt Kurs auf New York.
Da erscheint so ein Typ im Cockpit, kitzelt die beiden
Piloten mit einer Pistole an der Nase und sagt, daß er
nach New York wolle.
„Aber...", sagt der Pilot.
„Nichts ‚aber', ich will nach New York, sonst wird das
kleine Ding in meiner Hand böse!"
Also gut, sie fliegen und landen in New York. Dort
angekommen, sagt der Pilot zu dem Typen: „Wissen Sie
eigentlich, daß wir sowieso nach New York geflogen
wären?"
„Klar weiß ich das. Ich bin ja nicht doof", antwortet der
Typ. „Ich wollte nur verhindern, daß mir so ein
dämlicher Luftpirat zuvorkommt und den Vogel nach
Teheran oder sonstwohin entführt."

Weißt du...
... warum Gewitter bei Nacht so gefährlich sind?
Weil der Blitz dann so schwer den Blitzableiter treffen kann.

♠

Trudilein der Straßenschreck steht mit ihrem Kleinwagen auf dem Autobahnrastplatz, und der Motor raucht, was das Zeug hergibt. Kommen ein paar herzlose Typen vorbei und blödeln:
„Na, Mädchen, darf dein Kleiner überhaupt schon rauchen?"

♠

Herr Randomir kommt mit einem eingebundenen Kopf daher.
„Was haben Sie gemacht?" wird er gefragt.
„Auf das neue Jahr angestoßen", sagt Herr Randomir.
„Mit Sektgläsern?"
„Nein, mit Autos."

♠

„Also, Trudilein, das ist jetzt das fünfte Auto, das du zu Schrott fährst", schimpft Vati.
„Das kannst du so nicht sagen", wehrt sich Trudilein.
„Vier waren es. Das fünfte hatte vorher schon einen Kratzer!"

♠

Allmählich wird Omilein doch ein wenig ängstlich.
„Stürzt so ein Flugzeug öfter ab?" fragt sie.
„Eigentlich nicht. Meistens nur einmal", tröstet die Stewardeß.

„Ist schon toll", sagt Omilein im Flugzeug zur Stewardeß. „Die Menschen da unten sind so groß wie Ameisen. Wie hoch fliegen wir schon?"
„Wir stehen noch", antwortet die Stewardeß. „Und es sind Ameisen."

♠

Trudilein der Straßenschreck hat wieder einmal ihren Wagen an einem Straßenbaum abgebremst. Jetzt ist der Rest in der Reparaturwerkstatt.
„Nun, wie steht's?" fragt Trudilein nach ein paar Tagen.
„Also, Fräulein, zunächst einmal die gute Nachricht. Das Handschuhfach ist noch ganz in Ordnung."

Was muß man erst einmal tun, damit man aus dem Zug aussteigen kann?
Einsteigen!

♠

Weißt du...
... was ist, wenn es blitzt?
Dann fotografiert der liebe Gott die Menschen.

♠

Für scharfe Denker:
Woran erkennt man am Himmel englische Passagiermaschinen?
Weil sie links fliegen.

Die Schlaffis
von der letzten Bank

WOZU GEHÖRT DER WAL?

ZU DEN SÄUGETIEREN.

RICHTIG! UND WOZU GEHÖRT DER HERING?

ZU DEN PELLKARTOFFELN.

Karlheinz hat den Schuldirektor aus dem Baggersee gezogen und so vor dem Ertrinken gerettet.
„Dafür sollst du belohnt werden. Hast du einen besonderen Wunsch?"
„O ja", sagt Karlheinz. „Sagen Sie bitte niemandem, daß ich Sie herausgezogen habe!"

♠

„Wenn man gut stricken kann", sagt die Handarbeitslehrerin, „dann braucht man überhaupt nicht hinzusehen. Ich, zum Beispiel, kann im Dunkeln stricken und nebenbei ein Buch lesen!"

♠

„Wie nennt man einen Menschen, der redet und redet, ohne daß ihm jemand zuhört?"
„Lehrer, Herr Lehrer!"

♠

„Kennst du Elke Müller?"
„Ja."
„So gut, daß ihr miteinander redet?"
„Viel besser. So gut, daß wir *nicht* mehr miteinander reden!"

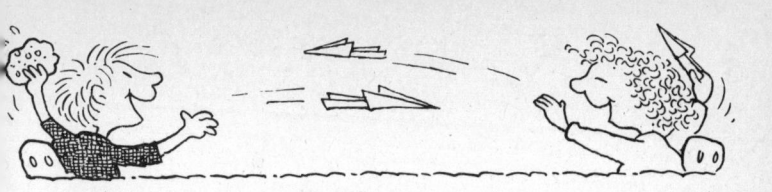

Der Herr Lehrer Kleinheistermann beschließt, seiner
Klasse endlich einmal Sauberkeit beizubringen.
Und bald darauf erwischt er einen, der sich offensichtlich
überhaupt nicht gewaschen hat. Darum schickt er den
Kerl auf der Stelle nach Hause.
Da kommt am nächsten Tag die ganze Klasse
ungewaschen zur Schule.

Der Pfarrer möchte seiner Klasse erklären, was ein Wunder ist.
„Stellt euch vor, einer steht auf dem Olympiaturm und fällt dann herunter. Er bleibt aber heil. Was ist das?"
„Schwein gehabt."
„Also gut. Dann sagen wir, der Mann fällt noch mal herunter, und wieder passiert ihm nichts. Was ist es dann?"
„Training."
„Ach, Unsinn! Nehmen wir also an, er fällt ein drittes Mal herunter, und wieder macht's ihm nichts. Was ist das dann?"
„Dann ist das ein Idiot. Wer fällt schon dreimal vom Olympiaturm!"

Weißt du ...
... welches die größte Insel der Welt war, bevor Australien entdeckt wurde?
Australien.

♠

Die ganze Familie ist fix und fertig. Der Heiner hätte
unbedingt durchkommen müssen. Sie haben ihm sogar
ein Fahrrad dafür versprochen. Und jetzt ist er wieder
durchgefallen.
„Ja, Herrgott noch mal, was hast du in den letzten
Monaten überhaupt getan?" tobt Papi.
„Radfahren gelernt", sagt Heiner.

♠

Simon war krank. Jetzt ist er wieder in der Schule.
„Seit wann hast du gefehlt?" will Lehrer
Kleinheistermann wissen.
„Seit der Schlacht im Teutoburger Wald", sagt Simon.

♠

„Ich wäre im Englischen eigentlich gar nicht so schlecht",
erklärt Bruno, „wenn da bloß nicht so viele Fremdwörter
vorkommen würden!"

♠

„Wir haben einen in der Klasse, der wollte uns die New
Yorker Freiheitsstatue für fünfzig Mark verkaufen!"
„Und was habt ihr gemacht?"
„Der Typ ist ja total bescheuert. Wir haben ihn auf
dreißig Mark heruntergehandelt!"

Patrizia besucht ein stinkfeines Mädchenpensionat.
In den Ferien wird sie von einem ehemaligen Freund gefragt: „Was lernt ihr so Besonderes in eurem Pensionat?"
„Bildung, du Idiot!" faucht Patrizia.

♠

„Was habt ihr heute in der Schule gelernt?"
„Die Entfernung des Mondes."
„Aha. Und wie entfernt man ihn?"

♠

Die Schüler sollen eine Weihnachtskrippe zeichnen.
Connie hat das schön gemacht.
„Aber", fragt die Lehrerin, „was soll dieses kleine grinsende Wesen mit dem runden Kopf, den zwei Mäusezähnen und den drei Haaren auf dem Kopf, das du da zwischen Ochs und Esel gemalt hast?"
„Das ist der Owi."
„Welcher Owi?"
„Es heißt doch: „Stille Nacht, heilige Nacht, Owi lacht..."

♠

WENN ICH DIESEN GELDSCHEIN IN DIESE SÄURE LEGE, WIRD ER SICH WOHL ZERSETZEN?

NEIN.

WARUM?

WEIL SIE SONST KEINEN HINEINTÄTEN!

„Ein Ferienidyll" war als Hausaufgabe zu zeichnen.
Dirk liefert ein leeres Blatt ab.
„Was soll das?" Des Lehrers Stimme klingt bedrohlich.
„Das sind Kühe auf der Weide", erklärt Dirk.
„Und wo ist das Gras, wenn ich fragen darf!"
„Haben die Kühe schon weggefressen."
„Und die Kühe? Wo sind die Kühe?"
„Was sollen Kühe auf einer Weide, wo kein Gras mehr ist?"

♠

„Mama, Mama, wo ist mein Hemd von gestern?" ruft
Rainer am frühen Morgen.
„In der Waschmaschine."
„Dann ist es aus! Auf dem Ärmel standen alle deutschen
Kaiser. Und heute schreiben wir eine Arbeit!"

Christian hat sich zu einer wichtigen Entscheidung
durchgerungen.
Er will nicht mehr in die Schule gehen.
„Ich kann nicht rechnen,
in Deutsch bin ich eine Niete,
Englisch ist so gut wie null,
und was ich auch sage,
der Lehrer glaubt mir kein Wort,
was soll also das Ganze noch!" erklärt er seinem Vater.

♠

„Gestern hast du mir erzählt, du hättest fünf Einser
gekriegt. Und jetzt kommst du mit dieser Fünf daher!"
„Konnte ich wissen, daß der blöde Lehrer die fünf Einser
zusammenzählt?"

♠

Hannes kommt von der Schule heim.
„Gibt's was Neues?" fragt der Vater.
„Ziemliche Pleite. Eine Sechs und eine Fünf gekriegt..."
„Ich habe gefragt, ob es etwas Neues gibt", sagt der
Vater.

♠

Die Lehrerin baut die Rechenübungen in schöne Beispiele ein.
„Eine Treppe hat zweimal 3 Absätze, und jeder Absatz hat 16 Stufen. – Wie viele Stufen mußt du steigen, bis du ganz oben bist?" fragt sie.
„Alle", antwortet Hubert wie aus der Pistole geschossen.

♠

„Ist euer Lehrer launisch?"
„Gar nicht. Der hat immer die gleiche scheußliche Stimmung."

♠

Heiner kommt nach Hause.
„Na, wie war's in der Schule?" fragt Mami. „Hast du was gekonnt?"
„Was ist los?" brummt Heiner. „Suchst du schon wieder Streit, Mami?"

ZUM LEERERZIMMER →

Frage aus der Physik: „Was ist ein Kilowatt?"
Antwort aus der letzten Bank: „Zwei Pfund Elektrizität."

♠

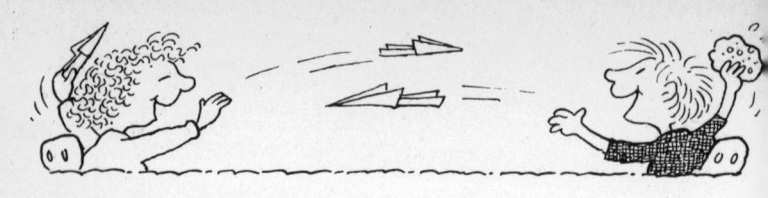

Der Lehrer ist verzweifelt.
„Benny", sagt er. „Deine Hausaufsätze sind eine Katastrophe! Hast du keinen Bruder, der dir helfen kann?"
„Jetzt noch nicht", sagt Benny. „Aber bald bekomme ich einen."

♠

„Wie war's bei der Aufnahmeprüfung?"
„Scheiße. Zuerst ging's phantastisch. Da habe ich vier Fragen tadellos beantwortet. Dann war's wie abgeschnitten."
„Was waren die ersten Fragen?"
„Name. Geboren wann? Geboren wo? Name des Vaters. Dann war Sense."

♠

Vergnügt grinsend steht die Lehrerin am Schultor.
„Na, wie waren die Ferien?" fragt sie ihre Sprößlinge.
„Schön. Aber viel zu kurz für einen Aufsatz!"

„Wenn ich Generaldirektor wäre" lautet das Thema des Klassenaufsatzes.
Dirk sitzt da, hat die Beine übereinandergeschlagen und schaut in die Luft.
„Na, los, warum schreibst du nicht?" fragt die Lehrerin.
„Ich warte auf die Chefsekretärin zum Diktat."

„Bist du wenigstens dieses Jahr durchgekommen?"
„Nein. Aber so knapp wie diesmal bin ich noch nie durchgefallen!"

♠

„Ich glaube, diese Frage macht dir große Schwierigkeiten!" sagt Lehrer Kleinheistermann.
„Die Frage nicht, aber die Antwort."

♠

Der Lehrer ist ein falscher Kerl. Immer wenn man ihn anschwindelt, tut er, als würde er es glauben.

♠

Das Gegenteil.
Die Klasse übt: „Das Gegenteil von einig?"
„Uneinig."
„Das Gegenteil von unendlich?"
„Endlich."
„Das Gegenteil von frei?"
„Besetzt", sagt Klausi.

♠

Kurtchen hat ein miserables Zeugnis mitgebracht. Nur Fünfer und Sechser. Bis auf Singen. Da hat er eine Eins.
„Mich wundert nur, wie man bei solchen Noten noch singen kann!" sagt der schwergeprüfte Vater.

♠

„Hast du diese Hausaufgaben ganz alleine gemacht?"
„Na klar!"
„Fast nicht zu glauben."
„Wieso?"
„Daß ein Mensch allein so viele Fehler machen kann!"

♠

„Wer kann mir Streichinstrumente nennen?"
„Geige."
„Cello."
„Und du, Kurti, sag auch was!"
„Pinsel, Herr Lehrer."

♠

In der Schule haben sie einen Trick herausgefunden, damit in Zukunft alle pünktlich beim Klingelzeichen da sind.
Der letzte, der kommt, muß klingeln.

♠

Mutti flippt aus und tobt wieder einmal in der Wohnung herum.
Meint Max zum Vati: „Vati, was hätten wir zwei für ein schönes Leben, wenn du nicht geheiratet hättest!"

♠

Der erste Schultag.
„Wie war's?" fragt Vati.
„Schön."
„Hast du schon was gelernt?"
„Ja, daß alle anderen mehr Taschengeld kriegen als ich!"

♠

Tante Cordula ist zu Besuch da. Und sie mischt sich in alles ein, was sie nichts angeht.
„Du mußt dein Vollkornmüsli unbedingt aufessen!" sagt sie zu Lissi. „Das müssen alle Kinder. Dann werden sie später einmal klug und schön!"
„Und warum hast du früher kein Vollkornmüsli gegessen?" fragt Lissi.

♠

Erdkundeunterricht.
„Fritzchen, komm an die Landkarte!"
Fritzchen kommt.
„So, jetzt zeigst du uns, wo Amerika liegt!"
„Gut. Und nun", die Lehrerin wendet sich an die Klasse, „sagt mir, wer hat Amerika entdeckt?"
„Fritzchen!" ertönt es aus vielen Kehlen.

♠

Das Söhnchen des Millionärs kommt in die Schule.
„Na, Kleiner, wie weit kannst du schon zählen?" fragt
das Fräulein Lehrerin.
„Bis zehn", antwortet das Söhnchen.
„Ei, wie schön. Zeig's mal!"
Und das Söhnchen beginnt: „Eine Million, zwei
Millionen, drei Millionen..."

♠

„Ein Fußballspiel" lautet das Thema des Hausaufsatzes.
Nachdem Ossi eine Stunde lang am Kugelschreiber
herumgekaut hat, bringt er einen Satz aufs Papier. Er
lautet:
„Der Platz war unbespielbar."

♠

Herr Kleinheistermann tadelt den Flori: „Jetzt bist du
mitten im Unterricht eingeschlafen!"
„Ja, schon. Aber ich habe immer von der Schule
geträumt!" entschuldigt sich Flori.

Herr Lehrer Kleinheistermann hat im Gasthaus gespeist und bekommt die Rechnung.
Da sieht er etwas, das er unmöglich durchgehen lassen kann. Er ruft den Kellner:
„Lesen Sie, was Sie da geschrieben haben: Kotelet 5 Mark! Da fehlt doch ein ‚t'!"
Der Kellner entschuldigt sich, und bald darauf hat Herr Kleinheistermann die neue Rechnung: „Ein Kotelet 5 Mark, ein Tee 2 Mark 50."

♠

„Jetzt frage ich dich zum letzten Mal: Wann wirst du endlich fleißiger werden?" ruft der Lehrer Kleinheistermann.
„Gott sei Dank, daß die blöde Fragerei endlich aufhört!" denkt Alex.

♠

Naturkundeunterricht. „Die Vögel schleppen Futter herbei und füttern ihre Jungen", erzählt die Lehrerin.
Da beginnt Emil hämisch zu grinsen.
„Was gibt's da zu grinsen?"
„Weil die Mädchen nichts bekommen."

♠

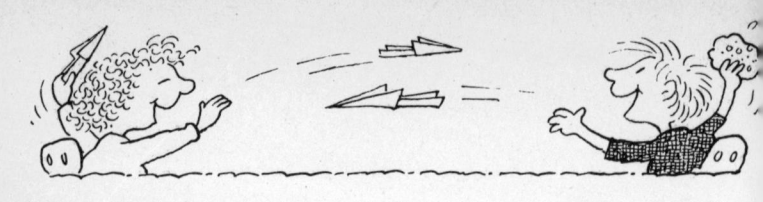

„Warum starrst du dauernd auf das Blatt deines Nachbarn?"
„Weil der so undeutlich schreibt!"

♠

Der Pfarrer erklärt im Religionsunterricht, wie es sein wird, wenn die Welt untergeht:
„Dann wird es blitzen und krachen, Regenmassen stürzen vom Himmel, die Sonne verschwindet, es wird kohlpechrabenschwarz..."
Da meldet sich Susi: „Kriegen wir dann schulfrei?"

♠

Karlchen klopft bei Herrn Lehrer Kleinheistermann an die Tür.
„Was ist?"
„Mein Bruder Tommy kann heute nicht kommen. Er hat Fieber."
„Soso. Wie hoch ist denn sein Fieber?"
„Das wissen wir nicht genau. Das Fieberthermometer ist kaputt. Aber das Einkochthermometer steht auf Stachelbeeren."

♠

Der Herr Lehrer Kleinheistermann läßt Dolfis Vater kommen, denn es gibt ein ernstes Problem.
„Seit Wochen ahmt mich Ihr Sohn nach, wo er geht und steht!" schimpft Herr Kleinheistermann. „Er redet wie ich, macht die gleichen Gesten wie ich..."
„Und ich sage diesem Kerl immer", wirft der Vater ein, „daß er sich nicht aufführen soll wie ein Verrückter."

♠

Studienrat Klaffke schlendert durch den Hamburger Hafen. Er sieht einen alten Seemann.
„Kommen Sie einmal her", sagt Studienrat Klaffke. „So, sagen Sie mir bitte, woher dieses Schiff kommt!"
„Aus Brasilien", antwortet der Seemann.
„Gut", sagt Klaffke. „Sie können sich setzen."

♠

Super, schrill
und echt gut drauf

Felix hat sich eine Freundin zugelegt. Es ist seine erste.
Darum klappt's mit der Unterhaltung noch nicht so
recht.
„Wie geht's?" fragt Felix.
„Danke, gut."
„Und wie geht's deiner Mutter?"
„Danke, gut."
Pause.
Dann: „Wie geht's deinem Vater?"
„Danke, gut."
Noch längere Pause.
„Wie geht's deinem Bruder?"
„Auch gut."
Dann eine ganz lange Pause.
Endlich sagt die neue Freundin:
„Du, ich habe auch noch eine Großmutter."

„Mensch, ist das ein beknacktes Gedränge!" stöhnt Martina, als im Bus dreimal so viele Leute sind, wie hineinpassen.
„Und gestern hast du in der Disco so etwas eine fetziggeile Atmosphäre genannt!"

♠

„Mit Ted gehe ich nie mehr in eine Disco", schimpft Tommi. „Mit dem muß man sich ja schämen. Der Kerl hat nie Geld bei sich!"
„Wieso, wollte er dich anpumpen?"
„Er mich? Nein. Als ich ihn bat, mir Geld zu leihen, hatte er wieder einmal keines!"

♠

„Hast du schon gehört, Charlie raucht nicht mehr!"
„Na so was! Seit wann denn?"
„Seit er sich neben dem Tanklaster ein Zigarillo anzünden wollte!"

♠

„Nie werde ich meinen ersten Kuß vergessen!"
„O mei, o mei, bist du so romantisch?"
„Das nicht. Aber der Typ hatte eine Zigarette im Mund!"

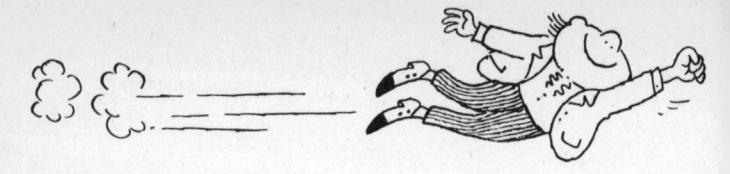

Die Abgase haben auch ihr Gutes!
Einbrecher zum Beispiel arbeiten doch nur, wenn die
Luft rein ist.
Dann gibt es also bald keine Einbrecher mehr!

♠

„Weißt du", fragt der Kontrolleur, „was mit Typen
geschieht, die keinen Fahrschein haben?"
„Die dürfen umsonst mitfahren", meint Hansi.

♠

Karlchen soll auf ein Pferd steigen. Es ist das erste Mal.
Skeptisch betrachtet er die Steigbügelriemen.
„Und wie schnallt man diese Sicherheitsgurte an?"

♠

Isidor wächst über sich hinaus:
„Ich kann jetzt auch Italienisch, Französisch, Griechisch
und Chinesisch..."
„... reden?"
„Nein, essen!"

♠

„Die Trude ist frech und faul. Und außerdem wäscht sie sich nie. Und sie lügt ihre Mami an, wo sie nur kann..."
„Jetzt halt mal die Luft an! Woher willst du das alles wissen?"
„Und ob ich das weiß! Ich bin doch ihre beste Freundin!"

♠

„Wo geht es da zum Roxy-Kino?"
„Geradeaus."
„Verdammt noch mal. Immer, wenn ich in ein Kino möchte, ist's gerade aus!"

♠

Karl-Konrad betritt die Disco und spielt lässig mit einem Autoschlüssel, auf dem ein berühmter Stern glänzt.
Da raunt ihm jemand ins Ohr: „Mensch, zumindest solltest du deine Fahrradklammern von den Hosenbeinen nehmen!"

♠

Maike, das Mini-Monster, kauft einen Besen.
„Soll ich ihn dir einpacken", fragt der Verkäufer, „oder willst du damit gleich wegfliegen?"

HERR OBER, DIE BRÖTCHEN SIND JA VON GESTERN!
ICH WILL WELCHE VON HEUTE!

GUT. ABER DANN MÜSSEN SIE
BIS MORGEN WARTEN!

„Herr Doktor, ich glaube, mein Bruder spinnt. Er bildet sich nämlich ein, er sei eine fliegende Untertasse."
„So leicht darf man das nicht nehmen. Er soll gleich einmal in meine Sprechstunde kommen."
„Finde ich auch. Wo haben Sie einen geeigneten Landeplatz?"

♠

„Ich lasse mich überhaupt nicht gerne fotografieren", sagt Julius. „Ich seh' mir auf keinem Foto ähnlich."
„Mensch, dann sei doch froh", meint Marianne.

♠

Fridolin hat die Typen vom Reitclub zu einer Party eingeladen. Da war einiges los!
Am anderen Tag entschuldigt er sich bei den Leuten, die unter ihm wohnen: „Hoffentlich war's nicht zu schlimm."
„O nein", sagen die. „Es war schon zum Aushalten. Aber sag mal, wie habt ihr es geschafft, die Pferde alle in die Wohnung zu bringen?"

♠

„Warum ist im Bodensee so viel Wasser?"
„Damit es nicht staubt, wenn die großen Schiffe bremsen."

Mick und Muck waren im Kino.
„Habt ihr euch gut unterhalten?" fragt die Mutter.
„Zuerst schon..."
„Und dann?"
„Dann haben die Nachbarn dauernd geschimpft."

♠

An der Kinokasse.
„Halt! Stell dich hinten als letzter an!"
„Geht nicht. Da steht schon einer."

♠

Das Konzert ist aus. Der Popstar kommt in die Garderobe, räuspert sich und verrät den anwesenden Fans:
„Übrigens, meine Stimme habe ich für eine Million versichern lassen!"
Fährt einer dazwischen:
„Und jetzt biste sauer, stimmt's? Weil die Versicherung nicht zahlen will."

♠

Mini-Monster Maike beschimpft ihre Freundin: „Wenn du eine Mücke verschluckst, dann hast du mehr Hirn im Bauch als im Kopf!"

Andy schwimmt im Hallenbad. Dabei hat er eine ganz geschwollene Backe.
„Mensch, du, das ist gefährlich. Da kannste dir was holen!" warnt ihn einer.
„Ach, Quatsch. Gestern haben sie mir meine Seife geklaut. Das passiert mir nicht mehr!"

♠

In der Disco an der Bar mault einer: „Der Scheißkaffee hier ist eiskalt!"
„Dann tausch mit dem Typ dort drüben. Der schimpft schon die ganze Zeit, daß seine Cola warm ist."

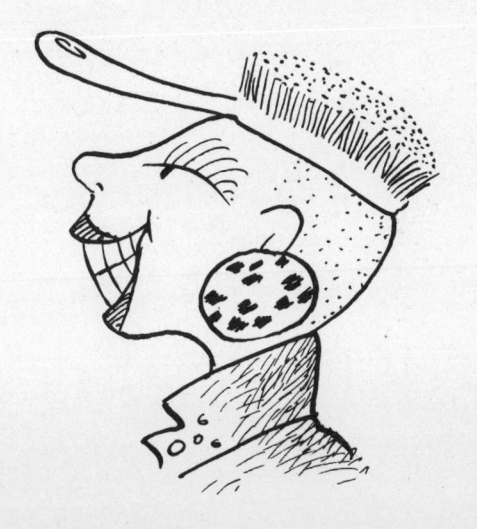

Isidor ist stolz auf seine Englischkenntnisse.
„Können Sie Englisch?" fragt er die Verkäuferin im Supermarkt.
„Ja, ein bißchen", antwortete das Mädchen.
„Okay", sagte Isidor, „dann geben Sie mir ein Soft-Eis."

„Geh sofort vom Fernseher weg!" ruft die ängstliche
Mutti. „Siehst du nicht, daß der Ansager Schnupfen
hat!"

♠

Klausi soll schwimmen lernen.
Mit vereinten Kräften ziehen sie ihn durchs Wasser und
brüllen ihm Tips zu, bis alle heiser sind.
Dann wankt Klausi heraus und röchelt: „So, jetzt hören
wir auf!"
„Aber warum denn?"
„Weil ich keinen Durst mehr habe!" sagt Klausi mit
letzter Kraft.

♠

Julius möchte so gerne seine Freundin zum Essen
einladen.
Aber es geht nicht.
Sie zählt immer die Kalorien zusammen. Und er zählt
sein Taschengeld.

♠

Zwei Tausendfüßler stehen vor dem Roxy-Kino und
bewundern ein Plakat mit Marilyn.
„Tolle Beine hat die Kleine", sagt der eine.
„Ja, aber so wenig", antwortet der andere.

„Wir haben das tollste Haarwuchsmittel, das es gibt. Gestern habe ich ein paar Tropfen davon auf den Bleistift geschüttet. Heute können wir ihn als Zahnbürste benutzen!"

♠

„Soll das eine ganze Portion Eis sein?" mault Konny in der Eisdiele herum.
„Glaubst du Knallkopf, du kriegst für eine Mark so viel Eis, daß du darauf Schlittschuh laufen kannst?" pöbelt der Eismann zurück.

♠

„Halt!" ruft der Polizist und stoppt Otto mit seinem Moped. „So geht das nicht! Dein Nummernschild ist absolut unleserlich!"
„Das macht nichts", sagt Otto. „Ich weiß es auswendig."

♠

„Oma, darf ich dir wieder eine Schachtel Kopfwehpillen holen, wie gestern?"
„Was soll ich damit? Soviel Kopfweh habe ich ja gar nicht."
„Aber die Pillen passen genau in mein Luftgewehr."

♠

„Du, wen soll eigentlich dieses Denkmal darstellen?"
„Irgend so einen Superschlauen. Wenn du's genauer wissen willst, mußt du nur seine Nase rot ansprayen. Dann steht's morgen in der Zeitung."

♠

Matti kommt ins Haushaltswarengeschäft.
„Ich möchte einen Besen. Aber einen leichtverdaulichen!"
„Einen leichtverdaulichen Besen? Wozu das?" fragt der Verkäufer.
„Ich habe eine Wette verloren", sagt Matti.

♠

Susi gibt an, wo sie nur kann.
„Heut abend gehe ich zu einem amerikanischen Multimillionär zum Essen", sagt sie, und die Freundinnen platzen fast vor Neid.
Etwas später sieht man sie bei McDonald's.

♠

„Alle Leute sagen, ich sei beknackt!"
„Wieso das?"
„Weil ich Spiegeleier so gerne mag."
„Mag ich doch auch."
„Mensch, toll. Dann komm mal zu mir und sieh dir meine Sammlung an!"

Katrin kommt in die Boutique.
„Kann ich bitte das pinkfarbene Kleid im Schaufenster anprobieren?"
„Selbstverständlich", sagt die Verkäuferin. „Du kannst es aber auch in unserer Umkleidekabine anziehen."

♠

„Mami! Was war in der Spraydose?"
„Extra-Plus-Superkleber."
„Ach so. Darum kriege ich meine Mütze nicht mehr herunter!"

♠

Theater für Teenies.
Die Aufführung war sauschlecht. Das verehrte Publikum tobt. Sie pfeifen nicht nur, sie werfen alles mögliche auf die Bühne. Besonders Heike tobt wie eine Wilde.
Klar, daß die Schauspieler blitzartig verschwinden. Der Vorhang fällt.
Da beginnt Heike ganz laut zu klatschen.
„Was hast du? Warum klatschst du auf einmal?" wird sie gefragt.
„Ich habe noch drei Tomaten übrig und will, daß sie noch mal rauskommen."

♠

„Haste gehört? Lissi kann Geige und Klavier spielen!"
„Wahnsinn! Dann kann sie sich ja selbst begleiten."

♠

„Wer kommt zu deiner Gartenparty?"
„Lauter nette Leute – und du!"

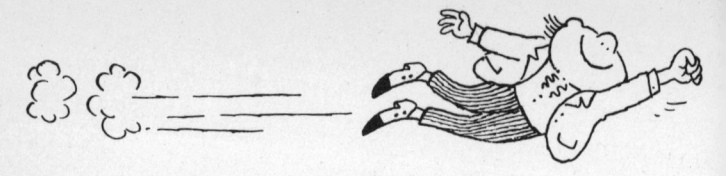

Gabrielchen schwärmt für Königin Elisabeth. Darum schreibt sie ihr jetzt einen Brief.
Und die Adresse?
Ganz einfach: „An Queen Elizabeth – aber nicht das Schiff."

♠

„Was machst du heute abend?"
„Heute abend schau' ich mir die Mondfinsternis an."
„Auf welchem Programm?"

♠

„Gestern waren wir in der Staatlichen Münzgalerie", brüstet sich Isidor. „Mensch, waren da tolle Neander-Thaler zu sehen!"

♠

„Findest du den Witz nicht gut?"
„Doch, doch. Als ich den zum erstenmal gehört habe, bin ich fast aus dem Kinderwagen gekippt!"

♠

Eine Party irgendwo.
„Also, weißt du. So eine Party ist schon eine verrückte Sache. Keiner kennt den anderen. Du gehst hin, bist nicht eingeladen. Frißt dich toll und voll und verschwindest wieder", sagt der eine.
„Du bist also nicht eingeladen?" fragt der andere.
„I wo. Und du?"
„Ich auch nicht."
„Und wie bist du reingekommen?"
„Ganz einfach. Ich bin der Gastgeber."

„Was sagen Sie dazu, Frau Kümmerlein? Die Familie über Ihnen züchtet seit Monaten Schafe in der Wohnung!"
„Gut, daß Sie mir das sagen. Und ich laufe schon seit Monaten zum Psychiater, weil ich immer Schafe blöken höre."

♠

Fritz und Peter haben Krach miteinander. Es läßt sich aber nicht vermeiden, daß sie sich plötzlich auf dem Gang gegenüberstehen.
„Ich weiche keinem Idioten aus!" sagt Fritz und bleibt eisern stehen.
„Ich schon", sagt Peter und macht dem anderen Platz.

♠

Wer ein T-Shirt kauft, bekommt kostenlos seine Anfangsbuchstaben aufs Hemd gedruckt. Die Sache ist ein Renner.
Nur eine will nicht.
„Warum nicht?" wird sie gefragt.
„Ich heiße Winnie Carsten", sagt sie traurig. „Und würde ständig mit einem WC herumrennen!"

♠

Um ein Haar – unschlagbar

Der Trainer kann wieder einmal nicht genug kriegen.
„Trainer", sagen sie. „Jetzt müssen wir aufhören. Man sieht ja nicht einmal mehr die Hand vor den Augen. So finster ist es."
„Ihr Deppen!" tobt der Trainer. „Wenn es finster ist, warum tut ihr dann noch die Hand vor die Augen!?"

♠

In der Hölle wird es langweilig. Da ruft der Teufel im Himmel an uns schlägt denen da oben ein Fußballspiel vor.
„Einverstanden", meint Petrus. „Aber fairerweise muß ich dich darauf aufmerksam machen, daß alle ehemaligen Fußballprofis bei uns sind. Das waren nämlich ausnahmslos Heilige da unten."
„Kann schon sein", sagt der Teufel und grinst satanisch. „Aber wir hier haben alle Schiedsrichter!"

♠

„Eishockey und Boxen sind die schönsten Sportarten", sagt ein Herr.
„Na ja", sagt ein anderer, „wenn Sie meinen. Was sind Sie eigentlich von Beruf?"
„Zahnarzt."

♠

Ivo ist ein Diskuswerfer mit kleinen technischen Mängeln
– sagt der Trainer.
Ivo trainiert, und wieder einmal läuft es nicht so richtig.
Der Diskus entgleitet ihm, segelt übers Tribünendach,
fliegt auf die Straße und in die Windschutzscheibe eines
PKWs, ein Fernlaster muß bremsen, kommt ins
Schleudern, rammt eine Tankstelle, diese explodiert.
Katastrophenalarm für die Feuerwehr!
„Was soll ich jetzt tun?" fragt Ivo seinen Trainer.
„Bei der letzten Drehung den Daumen nicht so weit
abspreizen", sagt der Trainer.

Philipp ist Segelflieger. Heute hat er den ersten Alleinflug.
„Daß du mir ja vorsichtig fliegst! Und immer schön langsam, und nicht zu hoch, gell!" sagt Mami zum Abschied.

♠

„Sag mal, warum bist du denn so erledigt?"
„Wir haben Tennis gespielt. – Ein wahnsinniges Hinundhergerenne!"
„War's so schlimm?"
„Ja, wir hatten nämlich nur einen Schläger."

♠

In einer Trainingspause schreibt der Jogger sein Testament:
„Wenn ich tot bin, soll man mich einäschern, die Asche bitte ich in eine Sanduhr zu tun. Dort will ich weiterlaufen."

♠

„Wie war ich?" fragt der Torwart in der Kabine.
„Am letzten Sonntag warst du besser", sagt man ihm.
„Aber am letzten Sonntag habe ich gar nicht gespielt", meint er.
„Eben", sagen die anderen.

„Wir haben einen in unserem Turnverein, der läuft die hundert Meter in 10,2!"
„Und wir haben einen, der läuft die hundert Meter in 7,2 Sekunden!"
„?"
„Er kennt nämlich eine Abkürzung!"

♠

Geländelauf im Regen, querfeldein. Und nachher ein Gedränge unter der Gemeinschaftsdusche.
Daheim sagen sie zum Fritz: „Mensch, dein linkes Bein ist ja noch total dreckig!"
„Mist!" sagt Fritz. „Dann habe ich bei dieser Schubserei das Bein von einem anderen gewaschen!"

Weißt du...
... warum die Boxer so vornehme Leute sind?
Weil sie nur mit Handschuhen arbeiten.

♠

„Mit diesem Schlauchboot kannst du doch nicht mehr ins Wasser! Das hat ja mindestens zwanzig Löcher!"
„Ach was, die Löcher sind doch alle unter Wasser. Die sieht ja niemand."

♠

Der schöne Rudi, unser Stürmeras, hat Muffensausen.
„Mensch, Trainer, morgen muß ich gegen den Vorstopper Eisenfuß spielen. Der Kerl tritt gegen alles, was sich bewegt!"
„... dann bist du ja fein heraus!" sagt der Trainer.

♠

„Und wenn du dich nicht bald schneller bewegst", der Trainer ist stocksauer, „dann mache ich dich zur Schnecke!"
„Meinen Sie, daß ich dann auf bessere Zeiten komme?"

♠

„Was ist dein Bruder?"
„Berufsboxer."
„Aha, darum macht er immer einen so niedergeschlagenen Eindruck!"

♠

„Unsere Leichtathletikabteilung ist der müdeste Verein der Welt. Und von allen bist du der langsamste Schleicher!"
Der Trainer läßt an seinen Männern kein gutes Haar, so enttäuscht ist er.
„Trainer, das darfst du nicht sagen", verteidigt sich Albin. „Hinter mir waren mindestens noch drei oder vier andere Läufer!"
„Ach, Mensch! Das waren doch schon die vom nächsten Rennen!"

Die Fallschirmspringerriege ist über dem Ziel angelangt. Mutig lassen sich die Boys aus der Maschine fallen. Nur einer will nicht.
Er sperrt sich mit Händen und Füßen, schlägt wild um sich. Was er brüllt, kann man bei dem Maschinenlärm nicht verstehen.
Aber der Trainer weiß schon, wie man mit solchen Feiglingen umgeht. Zwei, drei Griffe, ein kräftiger Schubs, und schon ist der Kerl draußen.
Ein anderer, der zugesehen hat, lacht schallend.
„Über so einen Waschlappen kannst du noch lachen?" meint der Trainer.
„Wieso Waschlappen? Ich lache, weil du unseren Piloten rausgeworfen hast."

Weißt du...
... auf welcher Seite des Körpers sich das Herz befindet?
Auf der Innenseite.

♠

Sechsmal Fliegen:
Wenn hinter Fliegen Fliegen fliegen, fliegen Fliegen Fliegen nach.

Großes Fußballmatch. Der schöne Rudi, unsere
Sturmspitze, bekommt eine vors Schienbein geknallt.
Zuerst rollt er fünfmal um die eigene Achse, dann
krümmt er sich eindrucksvoll am Boden, zuletzt humpelt
er mit leidender Miene vom Platz.
„Jetzt weiß ich nicht", sagt der Trainer, „soll ich die
Sanitäter rufen oder einen Theaterkritiker."

♠

„Der Sponsor unseres Fußballclubs hat dem Tormann
einen Sondervertrag mit 10 000 Mark Prämie angeboten."
„Unfaßbar!"
„Ja, aber nur, wenn er zum Lokalrivalen überwechselt."

♠

Es sollte der erste Schritt werden weg vom Tabellenende.
Und wieder ging's schief. Sie kassierten eine haushohe
Niederlage. Und schuld war natürlich wieder einmal nur
der Schiedsrichter.
Der schöne Rudi, unser Stürmeras, tobt: „Diesem Typen
trete ich in den Hintern!"
„Laß das", meint der Trainer. „Du triffst ihn ja doch
nicht!"

♠

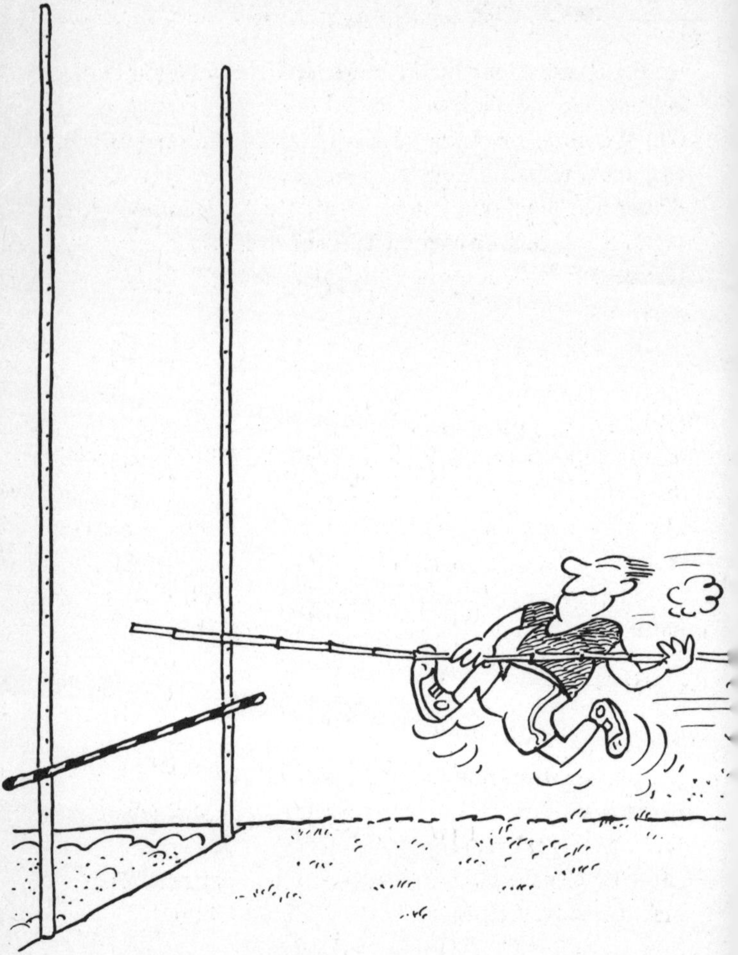

Rocky Rambo, der Superschwergewichtsweltchampion, kommt nach Süditalien.
Ob er Palermo kenne, wird er am Flughafen gefragt, und was er zu Palermo sage.
„Palermo? Noch nie gehört!" ruft Rocky Rambo. „Aber sagen Sie dem Burschen, wer er auch ist, in der zweiten Runde schicke ich ihn auf die Bretter!"

♠

Länderspiel. Alle Karten sind verkauft und noch viel mehr. 80 000 Leute passen ins Stadion, 160 000 waren drin.
„Und, wie war das Spiel?" wird einer der glücklichen Kartenbesitzer gefragt.
„Keine Ahnung. Ich stand irgendwie verkehrt herum und hatte nicht mal die Chance, mich umzudrehen."

♠

Die Fallschirmjäger segeln durch die Luft.
Einer brüllt: „Mein Fallschirm geht nicht auf! Mein Fallschirm geht nicht auf!"
„Reg dich nicht auf!" ruft ihm ein Kumpel zu. „Das macht nichts. Das ist ja heute nur eine Übung!"

♠

Charly ist zu den Kunstkletterern gegangen. Aber dann ist er aus der Wand gefallen, und nun liegt er im Bett.
„Fünf Meter tief gefallen!" berichtet er seinen Besuchern.
„Au weia! Fünf Meter tief fallen. Das muß ganz schön schmerzhaft sein!"
„Das Fallen eigentlich nicht. Aber die Ankunft unten", verrät Charly.

♠

Conny stürzt ins Restaurant des Segelclubs.
„Ich brauch' sofort was zu essen! Ich muß schnell wieder weg!" ruft er schon unter der Tür.
„Ja, dann nehmen Sie mal diese Fischbrötchen. Die müssen auch schnell weg!" meint der Ober.

♠

Endlich Ferien!

Korbi sitzt im D-Zug-Abteil, neben ihm eine ältere, feine Dame.
Da hat Korbi eine Bitte an die Dame: „Würden Sie mir bitte mein rechtes Bein auf den Sitz gegenüber legen?"
Die ältere, feine Dame steht auf und legt Korbis Bein vorsichtig auf den Sitz.
Nach einer Weile sagt Korbi: „Bitte schieben Sie mir dieses Kopfkissen hinter meinen Nacken!"
Die ältere, feine Dame tut's.
Dann bittet Korbi: „Jetzt schieben Sie mir bitte noch das Witzbuch da in die rechte Hand!"
Während sie auch das tut, fragt die Dame: „Sag einmal, hast du vielleicht einen Unfall gehabt?"
„Was heißt da Unfall?" sagt Korbi. „Ich habe Ferien!"

„Uuunverschämtheit! Wir sitzen hier seit einer Stunde und kriegen nichts. Der Herr dort am Nebentisch kam eben erst und wird sofort bedient. Holen Sie mir den Geschäftsführer, Herr Ober!"
„Der dort am Nebentisch, das ist der Geschäftsführer", sagte der Ober.

♠

„Wie war's in Italien? Hast du Schwierigkeiten mit der Sprache gehabt?"
„Ich nicht. Aber die Italiener."

♠

„Wie war's im Urlaub? Hat es bei euch geregnet?"
„Nicht schlimm. Nur zweimal. Zuerst vierzehn Tage, dann noch einmal drei Wochen lang."

♠

Auf einer Caféterrasse mit Alpenblick.
„He, Herr Ober! Was macht die Limo, die ich vor zwei Stunden bestellt habe?"
„Vier achtzig", sagt der Ober und zieht die Geldtasche.

♠

„Was hast du in den Ferien gemacht?"
„War beim Wellenreiten."
„Und? Wie war's?"
„Ehrlich gesagt, eine Pleite. Der idiotische Gaul wollte nicht ins Wasser hinein."

♠

„Herr Ober! Die Suppe ist ja ganz kalt!"
„Kein Wunder. Die haben Sie ja auch schon vor zwei Stunden bestellt!"

♠

„Bist du per Anhalter gefahren?"
„Wieso?"
„Weil du so mitgenommen aussiehst."

♠

„Herr Ober, trinken Sie?"
„Aber nein, mein Herr!"
„Gut so. Dann brauchen Sie auch kein Trinkgeld."

♠

„Karl-Konrad lernt jetzt Esperanto, sagt er."
„Ach nee. Und warum?"
„Weil sie vielleicht nächstes Jahr im Urlaub dorthin fahren, sagt er."

♠

Warum sprechen die Ober im FKK-Strandcafé immer so undeutlich?
Weil sie den Mund voller Wechselgeld haben. Wo sollten sie es auch sonst hintun?

„Und was können Sie uns heute empfehlen, Herr Ober?"
„Schnecken, mein Herr. Schnecken sind die Spezialität unseres Hauses."
„Ich weiß, das letzte Mal hat uns eine bedient."

♠

Mick und Muck sitzen im Gartencafé. Und weil der Kellner so lange nicht kommt, pfeifen sie nach ihm. Und schon ist der Kellner da.
„Was darf ich den Herren bringen?" fragt er. „Vielleicht Vogelfutter?"

♠

„Schade", sagt der Gast, „daß wir nicht schon früher in Ihr Lokal gekommen sind!"
„Dann waren Sie also zufrieden", sagt der Ober.
„Das gerade nicht, aber dann wären die Steaks vielleicht etwas frischer gewesen!"

♠

„Du liegst im Gepäcknetz? Das ist nicht erlaubt. Komm sofort herunter!" ruft der D-Zug-Schaffner.
„Ich hab' aber eine Netzkarte!" protestiert Hugo.

♠

Paule kommt zum Bahnhof gerannt.
„Erwisch' ich den Zug nach Nürnberg noch?"
„Kommt darauf an, wie schnell du rennen kannst", sagt der Stationsvorsteher. „Vor fünf Minuten ist er abgefahren."

♠

Der feine Max-Volker kommt zum erstenmal in eine Jugendherberge.
„Kann man hier beim Essen wählen?" fragt er.
„Aber klar", antwortet der Herbergsvater. „Du kannst es entweder essen, oder du kannst es nicht essen."

Am Empfang des Hotels.
„Ist ein Zimmer frei?"
„Hier haben wir noch eines um 80 Mark."
„Mir viel zu teuer!"
„Hier wäre noch eines um 40 Mark."
„Ja, wo denken Sie hin! Zu teuer."
„Hier ist noch eines um 20 Mark."
„Auch noch zu teuer."
„Wissen Sie was, hier hätten wir noch eines um 5 Mark. Aber da müßten Sie sich das Bett selber machen."
„Kein Problem. Nehme ich."
„Gut, dann geh'n Sie in den Hof. Dort finden Sie Bretter und Nägel. Hammer und Beißzange sind schon auf dem Zimmer!"

♠

Urlaub auf dem Bauernhof.
Die Kuh soll ein Kälbchen bekommen. Alex steht gespannt im Stall und wartet, was da so alles passieren wird.
Aber die Zeit vergeht, und das Kälbchen kommt und kommt nicht.
Da sagt der Bauer zu Alex: „Geh mal aus dem Stall, denn so kommen wir nicht weiter. Wenn dich die Kuh sieht, dann glaubt sie nämlich, sie hätte schon gekalbt!"

♠

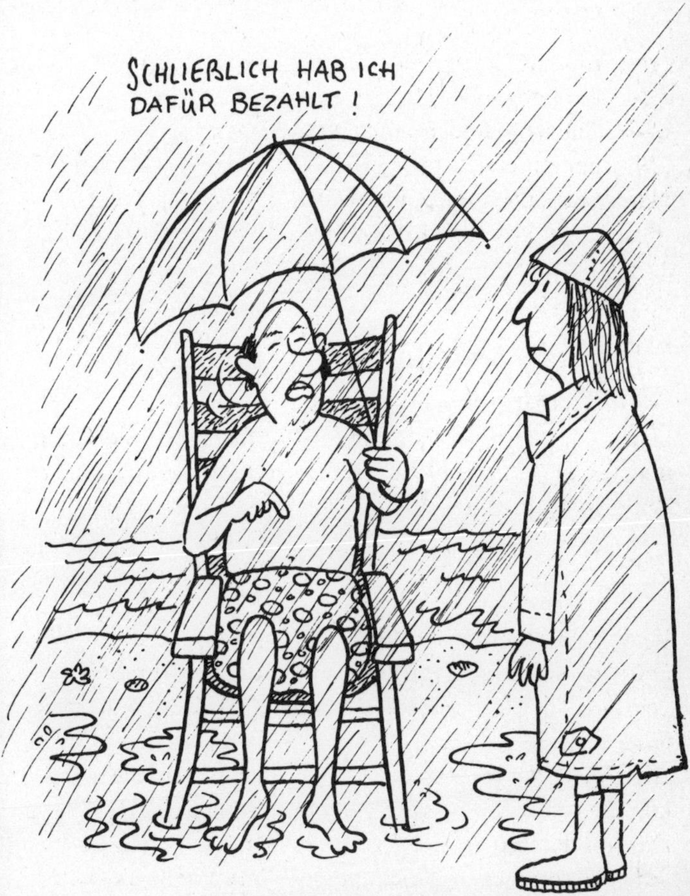
SCHLIEẞLICH HAB ICH DAFÜR BEZAHLT!

Urlaub auf dem Bauernhof.
Die Schwester jammert: „In meinem Zimmer quietscht nachts eine Maus."
„Kein Problem", sagt der Bruder. „Nach dem Essen komm' ich rüber und öl' sie dir."

♠

„Wir waren im Urlaub in Norwegen", protzt Karl-Konrad.
„Schön ist es dort, nicht wahr? Habt ihr auch die Fjorde gesehen?"
„Na klar. Die kamen so nahe ans Auto heran, daß wir sie füttern konnten!"

♠

„In dieser Vase wird die Asche des Germanenfürsten Hadubald aufbewahrt", erklärt der Fremdenführer.
„Fast nicht zu glauben", sagt Herr Randomir. „Ich habe gar nicht gewußt, daß man damals schon geraucht hat!"

♠

Mini-Monster Maike sitzt mit Mutti im Hotel-Restaurant.
„Mutti, schau, der Mann dort ißt die Suppe mit der Gabel!"
„Pst, halt den Mund!"
„Jetzt trinkt er aus der Blumenvase!"
„Sei doch still!"
„Jetzt ißt er sogar den Bierdeckel auf!"
„Nun ist aber Schluß! Jetzt gibst du ihm sofort seine Brille zurück!"

♠

„Ihr Schnitzel, Herr Wirt, schmeckt wie Schuhsohle in Seife eingeweicht und in Schmieröl herausgebacken!"
„Großartig, mein Herr! Sind Sie gelernter Koch – oder woher wissen Sie das?"

♠

„Herr Ober, die Suppe schmeckt aber komisch!"
„Dann lachen Sie doch!"

„Du warst doch schon einmal in Rom?"
„Ja."
„Dann kannst du mir sicherlich sagen, wie wir den Petersdom finden."
„Nichts einfacher als das. Du fährst mit dem Bus über den Tiber. Und dann, direkt neben einer Frittenbude, findest du den Petersdom."

♠

„Wie war's am Königssee?"
„Schön, aber viel zu kurz. Wir konnten nur ‚Hallo' rufen und mußten schon wieder weiter, ehe das Echo zurück war."

♠

Urlaub auf dem Bauernhof.
Eines Morgens herrscht große Aufregung. Der Fuchs hat sich ein paar Hühner geholt. Da beschließt Mutti, die ganze Sache erzieherisch auszunutzen.
„Siehst du", sagt sie zu Karin, „weil die Hühner nicht brav waren, darum hat sie der Fuchs gefressen."
„Gell, Mutti", sagt Karin, „und wenn sie brav gewesen wären, dann hätten wir sie gegessen?!"

♠

Auf hohem Bergesgipfel platzt dem Herrn Tausendpfund eine dichterische Ader. Er nimmt seinen Kugelschreiber und verewigt sich im Hüttenbuch mit folgendem Vers:

>„Alpenrose – schönste Rose,
>schönste Rose – Alpenrose.
>Dein Tausendpfund."

Kommt nach ihm ein anderer und schreibt darunter:

>„Tausendpfund – blöder Hund,
>blöder Hund – Tausendpfund.
>Deine Alpenrose!"

♠

Wie heißt das Gegenteil von *Fantasie?*
Cola-Du.

Ferien auf dem Bauernhof.
Ein Fohlen kam zur Welt, und Anschi hat zuschauen dürfen.
Zu Hause erklärt sie dem Tobi, wie das war:
„Zuerst kamen die Vorderbeine, dann der Kopf. Später der ganze Körper und ganz zuletzt die Hinterbeine."
„Toll", sagt Tobi. „Und wer hat dann das ganze Zeug zusammengesetzt?"

Weißt du ...
... warum die Chinesen klein und gelb sein müssen?
Wären sie groß und gelb, würde man sie mit einem Postauto verwechseln.

♠

Im Ferienlokal am Meeresstrand.
Als der Kellner den Kuchen bringt und Ilse hineinbeißt, da wackeln sämtliche Stockzähne.
„Kellner, sagen Sie ehrlich, wie alt ist dieser Kuchen?" fragt Ilse.
„Also, wenn ich ehrlich sein soll, dann kann ich es nicht sagen. Ich bin nämlich erst sechs Wochen hier", flüstert der Kellner.

„Hör'n Sie mal", sagt der Fremde zum Einheimischen.
„Ich will zwar nicht sagen, daß euer Dorf ein Kaff ist,
aber viel fehlt da nicht mehr. Überall liegen Steine
herum und Blechbüchsen und Papier!"
„Ja", antwortete der Einheimische und kratzte sich am
Kopf. „Das kommt vom Wildbach. Der schleppt das alles
her. Die Steine und so weiter."
„Wildbach?" meint der Fremde. „Ich höre immer
Wildbach. Wo is'n da überhaupt ein Wildbach?"
„Der Wildbach?" antwortete der Einheimische. „Ach so.
Der wird jetzt vielleicht oben am Berg sein, Steine
holen."

♠

„Sag, sind wir giftig?" fragt eine Schlange ihre Kollegin.
„Warum willste denn das wissen?"
„Ich hab' mir soeben in die Zunge gebissen."

♠

Erzählt eine Motte der anderen: „Gestern habe ich bei
Meiers einen Rundflug während einer Party gemacht."
„Und, wie war's?"
„Ein voller Erfolg. Wo ich auftauchte, haben die Leute
geklatscht."

♠

„Wir brauchen ein ganz, ganz billiges Zimmer für unsere Familie", sagt Vater.
„Da haben wir eins, das kostet aber achtzig Mark", sagt die Vermieterin.
„Warum ist es so teuer?"
„Wegen des Alpenblickes!"
„Und, geben Sie es uns um fünfzig Mark, wenn wir ganz, ganz fest versprechen, nie aus dem Fenster zu schauen."

♠

Rififi – 2. Akt

„Unglaublich!" schimpft der Richter. „Was haben Sie sich dabei eigentlich gedacht? So mir nichts, dir nichts im Kaufhaus diese schöne Uhr zu stehlen!"
„Wissen Sie, Herr Vorsitzender, das war ganz harmlos", erzählt Bronzi. „Ich geh' da so durch den Woolworth, sehe plötzlich dieses Ührlein, wie es daliegt und so gut geht. Da denke ich mir, das Ührlein geht, ich gehe, da könnten wir doch ein Stückchen mitsammen gehen."

♠

In der Stammkneipe hat es eine kleine
Meinungsverschiedenheit unter alten Freunden gegeben.
Und dann die übliche gewaltige Prügelei.
Als Gamaschen-Willi wieder zu sich kommt, liegt er auf
einem Bett und neben ihm Bronzi.
„Wo sind wir?" fragt Willi.
„Auf Nummer zweiunddreißig", sagt Bronzi.
„Zimmer oder Zelle?" fragt Willi zurück.

♠

Weihnachten kommt heran, da wird auch der
Gefängnisdirektor leutselig.
„Na, Kinderchen", sagt er zu seinen Pflegebefohlenen.
„Wie wollen wir diesmal das Fest feiern?"
Da meldet sich Bronzi, der Taschendieb: „Ach, wissense
was, Herr Direktor, machen wir doch einen Tag der
offenen Tür!"

♠

Gamaschen-Willi landet wieder einmal hinter Gittern.
„Warum eigentlich?" fragen sich die Leute.
„Das kommt von einem Geburtsfehler."
„?"
„Zu lange Finger und zu kurze Beine!"

♠

„Jetzt sind Sie ja schon wieder da!" schimpft der Richter.
„Und ich habe Ihnen doch gesagt, daß ich Sie so schnell nicht wiedersehen will!"
„Das habe ich den beiden Polizisten auch klarmachen wollen", sagt Gamaschen-Willi. „Aber die haben das ja nicht kapiert!"

♠

Bronzi ist ganz aus dem Häuschen. Er wurde bestohlen.
„So eine Gemeinheit!" schimpft er. „Den ganzen Wochenlohn hat mir der Kerl geklaut!"
„War's viel?" wird er gefragt.
„Zehn Brieftaschen!" sagt Bronzi.

♠

„Das ist ein Überfall!" ruft der moderne Bankräuber.
„Überweisen Sie mir sofort 500 000,– Mark auf folgendes Bankkonto!" Und er legt einen Zettel hin.

♠

Bronzi, der Taschendieb, ist pleite. Er geht zu Tresor-Jimmy und fragt, ob der etwas für ihn tun kann.
„Na klar", sagt Jimmy, „ich lass' dich nicht hängen. Mußt nur warten, bis die Bank geschlossen hat."

Eines Morgens ist die Zelle von Gamaschen-Willi leer.
Und der Willi ist fort, geflohen, hat einfach die Türen
aufgesperrt und ist gegangen.
Natürlich tobt der Herr Direktor: „Schweinerei! Und den
Schlüssel hat dieser Ganove irgendwo geklaut!"
„I wo", sagt der Wärter. „Den hat er beim Pokern ganz
ehrlich gewonnen."

♠

Gamaschen-Willi steht vor Gericht. Und der Richter ist
böse: „Vor drei Jahren wurden Sie wegen Autodiebstahls
verurteilt. Und nun stehen Sie schon wieder wegen der
gleichen Straftat hier. Haben Sie dafür eine Erklärung?"
„Habe ich schon, hoher Herr Gerichtshof", sagt Willi.
„So ein Auto hält auch nicht ewig."

♠

Bronzi bekommt einen neuen Zellengenossen.
„Warum sitzt du hier?"
„Weil ich beim Bleigießen Glück hatte."
„Versteh' ich nicht."
„Na ja, es sind lauter Dollarmünzen geworden."

♠

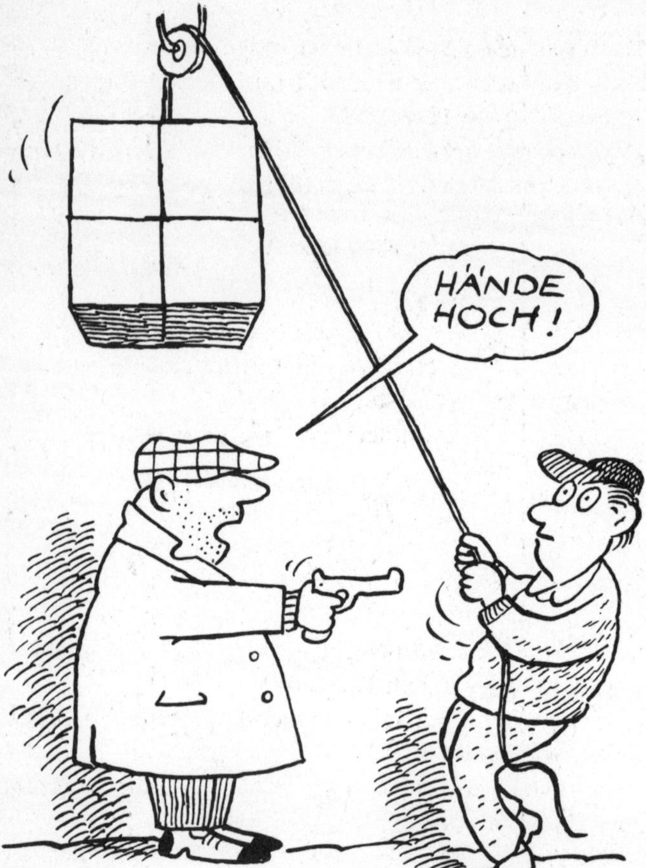
HÄNDE HOCH!

Tresor-Jimmy trifft Gamaschen-Willi. „Was macht
eigentlich unser alter Freund Bronzi?" fragt Jimmy.
„Bronzi? Der arbeitet jetzt."
„Was du nicht sagst!" Jimmy ist platt. „Für Geld ist
dieser Mensch doch zu allem fähig!"

♠

Gamaschen-Willi ist auf Erholungsurlaub. Drei Jahre
ohne Bewährung. Jetzt aber hat er Besuch. Die liebe
Ehefrau ist da und flüstert:
„Hast du die Feile entdeckt, die ich dir in den Kuchen
gebacken habe?"
„O ja. Morgen werde ich operiert."

♠

Billy Clark hat seinen Nachbarn ganz übel beschimpft
und steht nun vor dem Richter.
Wegen grober Beleidigung verdonnert ihn der zu 1000
Dollar Geldstrafe.
Zum Schluß sagt der Richter: „Haben Sie mir noch etwas
zu sagen?"
„Nein", antwortet Billy Clark, „denn das würde mich
zweitausend Dollar kosten!"

♠

Krimi-Time im Fernsehen. Kommissar Derrick mit
Stahlnetz am Tatort oder so.
„Kommt rein, Kinder", ruft die Frau von Gamaschen-
Willi ihre Kleinen, „Schulfunk!"

♠

Tresor-Jimmy wurde während der Arbeit von einem
Polypen überrascht und verhaftet. Jetzt wird er
abgeführt.
„Herr Polizeirat", sagt Jimmy zu dem Polypen. „Ach
entschuldigen Sie, es ist zu dumm. Jetzt habe ich meine
Mütze am Tatort liegenlassen. Darf ich rasch noch
einmal zurücklaufen?"
„Für wie blöd hältst du mich!" schimpft der Polizist.
„Daß du mir dann wegläufst! Das machen wir anders.
Du wartest hier, und ich hole dir die verdammte Mütze.
Klar?"

♠

Gamaschen-Willi und Tresor-Jimmy haben einen
Lastwagen geklaut, einen Lastwagen voll mit Whisky! Sie
wurden aber erwischt und stehen nun vor Gericht.
„Was habt ihr mit der riesigen Menge Whisky gemacht?"
fragt der Richter.
„Verkauft, Euer Ehren."
„Aha. Und was geschah mit dem Geld?"
„Das haben wir versoffen, aber restlos."

Polizist Meier zischt durch die Gegend und sucht einen Ladendieb.

Da fragt er die Gemüsefrau am Hauptmarkt: „Haben Sie einen Ladendieb gesehen?"

„Einen Ladendieb?" sagt die Gemüsefrau. „Nee, hier ist keiner mit einem Laden vorbeigekommen."

„Ich steh' schwer auf Umweltschutz", sagt Bronzi. „Ich werfe zum Beispiel alte U-Bahn-Fahrscheine nie weg, sondern benutze sie mehrmals."

♠

Tresor-Jimmy sitzt trübsinnig in seiner Zelle.
Da fällt die Klappe: Ob er Besuch möchte. Und zwar von einer Dame des Häftlings-Besserungsvereins.
Weil das immerhin etwas mehr als gar nichts ist, sagt Jimmy ja.
„Sind Sie noch niemals von Reue ergriffen worden?" fragt die Dame.
„Von Reue? Nee. Immer nur von der Polente."

♠

Weißt du...
... was ein Matrose ist, der sich ein halbes Jahr nicht mehr gewaschen hat?
Ein Meerschweinchen.

♠

Die Cowboys pokern. Kommt ein Neuer hinzu und fragt:
„Gibt's bei euch besondere Regeln?"
„Ja", erfährt er. „Wenn mehrere Herz-As ausgespielt werden, zählt die, die zuerst liegt."

Tresor-Jimmy sitzt wieder einmal im Knast. Außerdem fühlt er sich nicht wohl. Darum meldet er sich beim Arzt. Es sind die Mandeln. Sie werden herausgenommen.
Kurze Zeit darauf muß er sich ein paar Zähne ziehen lassen.
Wenig später muß der Blinddarm heraus.
Da reicht es dem Direktor: „Jetzt ist aber Schluß!" befiehlt er. „Wir haben dich durchschaut. Du willst hier portionsweise abhauen!"

Gespräch in Zelle 7: „Warum haben sie dich eingebuchtet?"
„Wegen Beamtenbestechung."
„Beamtenbestechung? Woher hast du das Geld dazu gehabt?"
„Nicht mit Geld. Mit dem Klappmesser."

Drei Männer stehen vor Gericht.
„Was hast du gemacht?" fragt der Richter den ersten.
„Den Stein in den East River geworfen", sagt der.
„Das ist nicht verboten", urteilt der Richter. Also Freispruch.
„Und warum bist du hier?" fragt der Richter den zweiten.
„Weil ich dem da geholfen hab', den Stein in den East River zu werfen."
„Ist erst recht nicht verboten", sagt der Richter. „Freispruch."
„Und du?" fragt er dann den dritten.
„Ich bin Charly Stein", sagt der dritte.

♠

„Zeuge", sprach der Richter, „haben Sie schon einmal vor Gericht einen Eid geschworen?"
„Ja, Euer Ehren, aber das gilt nicht, das war ein falscher."

♠

„Man verwendet ein Drittel seines Gehirns zum Denken", erklärt Karl-Heinz.
„Und was macht man mit dem anderen Drittel?" fragt Hubertus Blömann.

Toho Bu Waha
und andere scharfe Typen

Willibald der Großwildjäger hat wieder einmal nichts getroffen. Ziemlich blamabel, die Sache. Aber wozu gibt's Wildhandlungen.
Er kommt also heim und wirft einen Hasen auf den Tisch. „Tolles Exemplar, oder?" tönt er.
„Ja, schon. Aber der ist ja schon abgezogen!"
„Den Kerl hab' ich beim Baden erwischt!"
„Und er hat sogar ein Preisschild um den Hals!"
„Quatsch, das ist die Nummer seiner Badekabine!"

„Nächste Woche werden Sie mit Lobreden und Blumen überhäuft werden", sagt der Wahrsager Manix zu einem Kunden.
„Das kann ich mir nicht vorstellen", entgegnet der Kunde. „Ich hab' weder Geburtstag noch irgendein Jubiläum."
„Und trotzdem können Sie mir das glauben", antwortet der Wahrsager Manix. „Das ist nun einmal so bei einer Beerdigung."

♠

Willibald der Großwildjäger geht auch zu Hause auf die Jagd. Nur so zur Übung.
Aber auch dort trifft er nichts.
Mit einer Ausnahme. Neulich hat er einen Treiber angeschossen.
„Aber wenigstens hieß der Mann Fuchs", sagt Willibald.

♠

Zwei Lords treffen sich.
„Wie geht's?"
„Zeitgemäß mäßig!"
„Mir auch."
„Mußte einen Teil meiner Dienerschaft entlassen."
„Und ich mußte meine Schloßgespenster an eine Geisterbahn verleihen."

Willibald der Großwildjäger weiß jetzt, wie er's macht: Wenn er wieder in die Wüste geht, zieht er einen Matrosenanzug an. Dann glauben die Löwen, er ginge zum Angeln, und passen nicht auf.

♠

„Über Ihrem Laden steht: ‚An- und Verkauf'. Was kaufen Sie?"
„Alles alte Gerümpel."
„Und was verkaufen Sie?"
„Wertvolle Antiquitäten."

♠

Willibald der Großwildjäger knattert durch die Wüste, drei Tage schon. Allmählich bräuchte er eine Kneipe oder mindestens eine Oase. Die Zunge klebt nämlich schon am Gaumen.
Da trifft er einen Beduinen.
„Guten Tag, Herr Beduine", sagt Willibald. „Wie weit ist es noch bis zur nächsten Oase?"
„Da fährst du in diese Richtung." Der Wüstensohn deutet irgendwohin. „Und zwar immer geradeaus. Am Donnerstag dann biegst du links ab..."

♠

In einer Bar in Afrika hocken drei kernige Farmer,
braun, in Khaki-Anzügen, und saufen.
Da geht die Tür auf, und ein winziger Wicht erscheint.
Winzig, aber auch kernig, braun und im Khaki-Anzug.
Jedoch, wie gesagt, winzig klein, keine dreißig
Zentimeter hoch.
Er klettert auf einen Barhocker und bestellt einen
dreifachen Whisky.
Da sagt einer von den anderen: „Joe, jetzt erzählst du
uns mal, wie das genau war, als du den Medizinmann
Toho Bu Waha einen alten Volltrottel genannt hast!"

KABA!

Willibald latscht mit einem Jagdfreund durch Afrika.
Großwildjagd ist angesagt. Plötzlich stehen sie vor der
Spur eines Löwen.
„Es wird das beste sein, wir trennen uns", sagt der
Jagdfreund, „und jeder sucht den Löwen auf eigene
Faust."
„Okay", meint Willibald. „Du stellst fest, wohin er
gegangen ist, und ich sehe nach, woher er kam!"

♠

Der Jahreskongreß der Wahrsager mußte wegen
unvorhergesehener Ereignisse abgesagt werden.

♠

Safariteilnehmer Großkotz verkündet: „Ich fahre mit
einem Landrover durch die Wüste und jage Löwen."
„Und was tust du, wenn dich einer verfolgt?"
„Ich verwirre ihn."
„Und wie?"
„Ganz einfach. Ich blinke links – und biege nach rechts
ab."

♠

„John!" sagt der Lord zum Butler. „John, treiben Sie die
Fische unter die Zugbrücke. Es beginnt zu regnen!"

Der Medizinmann Toho Bu Waha saß am Ufer des Simsalabesi und schaute in die Wolken. Er wäre ganz glücklich gewesen, wenn nicht ein weißer Mann gekommen wäre und begonnen hätte zu reden.
„Schau", sagte er, „das geht doch nicht. Da hockst du nun und schaust in die Wolken und tust gar nichts. Du mußt arbeiten und Geld verdienen. Viel Geld. Dann kaufst du dir ein Auto, später ein Haus. Und du arbeitest immer mehr. Du baust dir eine Fabrik, stellst Arbeiter ein, die arbeiten dann für dich. Und wenn du alt bist, dann hast du so viel Geld beisammen, daß du dir ein schönes Leben machen kannst. Du brauchst dann nichts mehr zu tun, kannst dich ans Ufer des Simsalabesi setzen und in die Wolken schauen..."
Da stand Toho Bu Waha auf, holte seinen Zauberstab und verwandelte den weißen Mann in ein Rhinozeros, denn er wollte seine Ruhe haben.

♠

Große Fernsehsensation. Sie haben es herausgebracht: Toho Bu Waha ist der älteste Mensch der Welt! Riesenpalaver deshalb, in „Wetten daß" soll er vorgestellt werden.
Aber die Fernsehfritzen warten vergeblich. Toho Bu Waha ist verhindert. „Kann nicht kommen", telegrafiert er. „Mein Opa ist schwer erkrankt."

Der neue Butler bringt seiner Lordschaft den Tee.
„Ich kenne Sie doch", sagt der Lord. „Waren Sie einmal in Afrika?"
„Bedauere, nein, Euer Lordschaft."
„Oder in Indien?"
„Bedauere, nein."
„Oder in Neuguinea?"
„Bedauere, auch da nicht."
„Warten Sie, jetzt weiß ich, woher ich Sie kenne. Sie haben mir soeben den Tee gebracht!"

Der Medizinmann Toho Bu Waha sitzt wieder einmal am Simsalabesi.
Da tippt ihm ein Weißer auf die Schulter und fragt: „Sag mal. Hast du gesehen großes silbernes Vogel mit große, große Flügel, das machen Brrrrr?"
„So was ist nicht vorbeigekommen. Aber fragen Sie drüben am Airport, wo die Düsenflugzeuge landen. Vielleicht können die Ihnen weiterhelfen!"

♠

„Sag mal, bist du wahnsinnig? Wie kannst du dem Wahrsager Manix hundert Mark geben!"
„... wenn er es mir doch vorausgesagt hat!"

♠

Willibald möchte nach Afrika, um dort Löwen totzuschießen, bekommt aber Bedenken.
„Stimmt es", fragt er einen erfahrenen Abknaller, „daß einem die Löwen nichts tun, wenn man eine brennende Fackel in der Hand trägt?"
„Na ja", bekommt er zur Antwort. „Das kommt ganz darauf an, wie schnell man diese brennende Fackel trägt."

♠

Toho Bu Waha sitzt schweigend am Simsalabesi.
Nach sechs Wochen kommt ein Stammesbruder
vorbeigeritten, ruft zur Begrüßung „Howgh!" und reitet
weiter.
Nach drei Stunden sagt Toho Bu Waha verächtlich:
„Schwätzer!"

♠

Eine Gruselgeschichte.
Der letzte Mensch sitzt in seiner Hütte. Draußen heult der Sturm. Der Regen peitscht an die Fensterläden. Da klopft es an die Tür...

♠

Der Medizinmann Toho Bu Waha kommt in einen Zirkus und möchte den Direktor sprechen.
„Ich haben tolle Nummer", sagt Toho Bu Waha.
„Können alle Vögel nachmachen."
„Alter Hut." Der Direktor schüttelt den Kopf und sagt, daß er keine Zeit mehr habe.
„Is' recht", sagt Toho Bu Waha und fliegt zum Fenster hinaus.

♠

Sigrid will ihre Zukunft wissen und geht zum Wahrsager Manix.
„Gib mir deine rechte Hand", sagt Herr Manix und beginnt aus der Handfläche zu lesen:
„Ich sehe dunkle Mächte über deinem Haupt. Man wird dich erst einmal mästen, dann zum Schlachthof fahren, dann kommt ein dicker Kerl mit einem Beil..."
„Halt, halt", ruft Sigrid, „darf ich erst einmal meinen Lederhandschuh ausziehen?"

„Mylord", sagt der Butler. „Sie liegen verkehrt herum im Bett!"
„Gut, daß Sie das sagen, James", antwortet der Lord. „Ich dachte schon, ich litte an Kopfweh. Und nun sind es Gott sei Dank nur die Beine."

♠

Die Polizei hat den Medizinmann Toho Bu Waha verhaftet. Er soll Tropfen verkauft haben, die das Altwerden verhindern.
Vor Gericht stellte sich dann heraus, daß Toho Bu Waha schon öfters wegen des gleichen Delikts vor dem Richter stand, und zwar in den Jahren 1790, 1830, 1895 und 1904!

♠

Willibald der Großwildjäger kann nicht mehr. Der Sand, die Sonne und der Durst!
„Wäre ich doch daheim geblieben!" haucht er.
„Jetzt hör auf zu meckern", sagt sein Kumpel.
„Wenigstens haben wir schönes Wetter!"

♠

„Wie schreibt man ‚Saxophon'?"
„Das schreibt man nicht. Das bläst man."

Toho Bu Waha, der Medizinmann, besucht Europa. Als er wieder daheim ist, erzählt er:
„Toll, diese Leute dort. Und wie die Regen machen. Unwahrscheinlich. Da laufen zweiundzwanzig Mann auf einen Platz und hüpfen wie wild um einen Lederball herum. Und, was soll ich euch sagen, nach einer halben Stunde regnet es tatsächlich!"

♠

Der Wahrsager Manix trifft seinen Kollegen Astrofix. „Einen herrlichen Herbst haben wir diesmal", sagt Astrofix, „finden Sie nicht auch?"
„Ja", sagt Manix. „Genau wie der Herbst im Jahre 2071!"

♠

„Sind Sie sicher, daß dieser alte Schrank wirklich aus England stammt?" fragt der Lord.
„O yes, Mylord", antwortet der Butler. „Die Holzwürmer sprechen alle ein tadelloses Englisch."

♠

Weißt du...
... vor wem jedermann den Hut abnimmt?
Vor dem Friseur.

Der Schotte McKnauser ist allerschlechtester Stimmung. Weihnachten kommt heran, und überall im Haus hocken die Kinderchen herum und warten auf Geschenke.
Da hat McKnauser eine Idee.
Er nimmt die Jagdflinte, geht vors Haus und ballert einmal kräftig in die Nacht hinaus.
Dann kommt er wieder herein und sagt: „Kinderchen, ich hab' eine ganz traurige Nachricht für euch. Soeben hat sich der Weihnachtsmann erschossen!"

♠

SCHOTTLAND,
4. ADVENT

„Wieviel Geld hast du zur Verfügung?" fragt Wahrsager Manix.
„Zwanzig Mark", sagt Hubert.
„Dann kannst du mir zwei Fragen stellen."
„Ist das nicht ein bißchen wenig für das Geld?"
„Nein", sagte der Wahrsager. „Das war also eine Frage. Und nun die zweite."

♠

Die Filmheinis drehen am Simsalabesi.
Natürlich brauchen sie immer gutes Wetter. Und da haben sie eine tolle Masche.
Sie gehen zum Medizinmann Toho Bu Waha. Und der weiß immer, wie das Wetter morgen wird und ob sie drehen können.
Nur einmal haut es nicht hin.
„Ich weiß es nicht", sagt Toho Bu Waha.
„Aber das gibt's doch nicht! Warum denn nicht?"
„Mein Radio ist kaputt", sagt Toho Bu Waha.

Für scharfe Denker:
Was flattert durch die Luft und funkelt in der Sonne?
Ein Schmetterling mit Goldzahn.

Der Wind heult um das alte Schloß. Die Uhr zeigt
Mitternacht. Es knarrt im Gebälk. Und der alte,
klapprige Diener führt den Gast auf sein Zimmer.
„Hat es hier in letzter Zeit vielleicht merkwürdige Dinge
gegeben?" fragt der Gast ängstlich.
„In letzter Zeit? Und merkwürdig? Warten Sie mal",
sinniert der Diener. „Ja, doch. Vor dreißig Jahren kam
einmal ein Gast wieder lebend aus diesem Zimmer
heraus."

Der Herr Oberamtsvorsteher war recht lange aus gewesen, hat eventuell etwas Unrechtes gegessen und wahrscheinlich wieder viel zuviel getrunken.
Jedenfalls muß er daheim seiner lieben Ehefrau gestehen, daß ihm schlecht sei, furchtbar schlecht sogar. Und daß er dringend einen Spucknapf brauche.
„Minni!" ruft die Frau Oberamtsvorsteher zum Stubenmädchen auf den Gang hinaus. „Minni, bringen Sie den Spucknapf! Dem Herrn Oberamtsvorsteher ist schlecht."
Während Minni noch im Abstellraum nach dem Spucknapf sucht, ertönt die Stimme der Frau Oberamtsvorsteher ein zweites Mal:
„Minni! Jetzt können Sie gleich eine frische Unterhose bringen. Der Herr Oberamtsvorsteher hat umdisponiert."

♠

Kennst du ...
... den Unterschied zwischen einem Heuwagen und einer Zigarette?
An einem Heuwagen ziehen zwei Ochsen.

♠

Was ist ein Lama?
Ein Mann, der sein Knie nicht abbiegen kann.

♠

Weißt du ...
... was man können muß, wenn man seinem Hund etwas beibringen möchte?
Mehr als der Hund!

♠

Weißt du ...
... was ein Optimist ist?
Das ist einer, der auf einen anderen Kanal umschaltet, wenn ihn das Fernsehprogramm anödet.

♠

„Sag mal, du siehst heute so blaß aus. Bist du krank?"
„Nein. Nur sauber."

♠

Meister, Macker, Chefs und Gruftis

SPIELEN SIE RUHIG WEITER, CHEF, ICH ARBEITE GERN BEI MUSIK!

Jedesmal am ersten Tag eines Monats kommt Herr Honal in das Uhrengeschäft und fragt nach der genauen Zeit. Dann dankt er und geht wieder.
Nach vielen Jahren fragt ihn der Uhrmacher: „Jetzt würde mich interessieren, wozu Sie die genaue Zeit brauchen, Herr Honal?"
„Ich betätige die Sirene, die jeden Freitag um zwölf Uhr der Stadt die genaue Zeit verkündet", sagt Herr Honal.
„Das ist aber seltsam", antwortet der Uhrmacher. „Und wir stellen seit Jahren unsere Uhren nach der Sirene, die am Freitag um zwölf Uhr die genaue Zeit angibt!"

♠

Charlie hat ein Kaugummi-Center eröffnet und hofft, auf diese Weise reich zu werden.
„Na, wie geht dein Laden?" wird er gefragt.
„Danke, es geht. Gestern vormittag war schon einer da. Dann allerdings wurde es etwas ruhiger."

♠

„Warum kommst du erst jetzt!" faucht der Chef den Azubi an.
„Weil Sie gestern gesagt haben, ich solle meinen Sportkurier zu Hause lesen."

♠

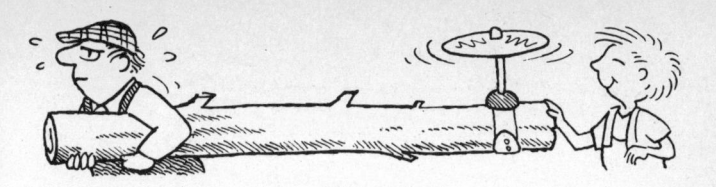

„Diesen Mantel", sagt der Verkäufer, „können Sie das ganze Jahr über tragen!"
„Ja, und im Sommer, wenn es recht heiß ist?"
„Dann tragen Sie ihn einfach über dem Arm!"

♠

„Eigentlich bin ich ein Rindvieh.
Ich arbeite wie ein Stier,
schwitze wie ein Schwein
und fühle mich hundeelend!"
„Dann wird es Zeit, daß du einmal zu einem Tierarzt gehst!"

♠

„Paß auf!" ruft der Meister. „Schalte den Strom noch nicht ein, ich sitze noch in der Zentrifuiiiiiiiiii..."

♠

„Wie heißt du!"
„Pause."
„Dann kann ich dich leider nicht einstellen."
„Wieso?"
„Wenn ich dich rufe, hören alle zu arbeiten auf."

♠

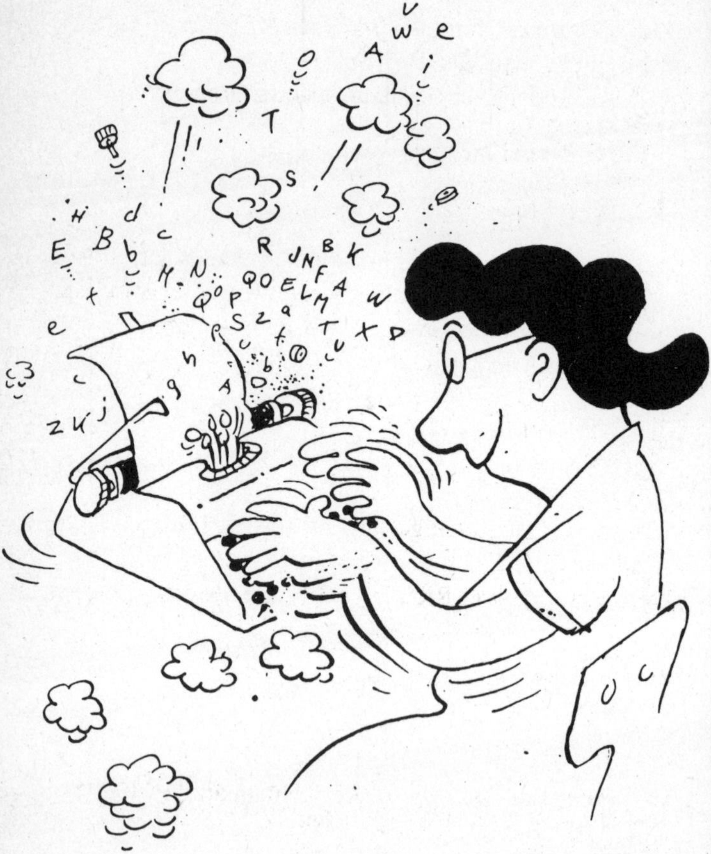

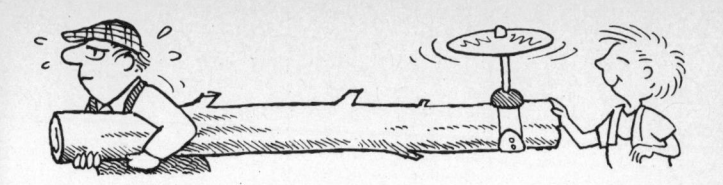

„Kann ich diesen Pulli auch kochen?"
„Ja, freilich", sagt der Verkäufer. „Aber selbstverständlich nur in handwarmem Wasser!"

♠

Der Leuchtturmwächter bekam einen blauen Brief. Nur einer dummen Angewohnheit wegen wurde er entlassen. Er war von klein an gewöhnt, vor dem Schlafengehen das Licht auszumachen.

♠

„Wenn ich sechs Richtige im Lotto habe, höre ich auf zu arbeiten."
„Und wenn ich drei Richtige habe, arbeite ich nur noch halbtags."

♠

„Was meinst du, was der dicke Kohlenhändler wiegt?"
„Keine Ahnung."
„Kohlen!"

♠

„Todsichere Chance! Der sichere Weg zum Reichtum. Senden Sie uns 50 Mark – und Sie erhalten die nötigen Informationen!"

So liest es Dean in der Zeitung und denkt: „Da wäre ich ja schön blöd, wenn ich nicht hinschreiben würde." Wie verlangt, schickt er die 50 Mark, und richtig, bald hat er die Antwort. Sie lautet:

„Geben Sie ein Inserat in der Zeitung mit folgendem Text auf: ‚Todsichere Chance! Der sichere Weg zum Reichtum. Senden Sie uns 50 Mark – und Sie erhalten die nötigen Informationen!"

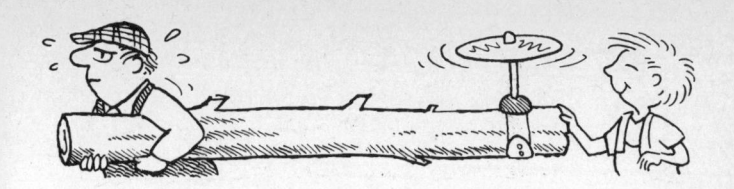

Hubert hat den Ferienjob des Jahrhunderts!
In der Bonbonfabrik Zuckerzahn haben sie Murks gebaut
und lauter viereckige Bonbons herausbekommen.
Jetzt muß Hubert sie alle rundlutschen.

♠

„Und Sie glauben, daß ich mit dieser Creme alle Runzeln
in meinem Gesicht wegbringe?" fragt Frau Emmerich.
„Klar doch", sagt der Straßenverkäufer. „Mit dieser
Creme machen sie drüben bei Mannesmann sogar ihr
altes Wellblech wieder glatt!"

♠

Florian sucht eine Lehrstelle.
Bei Meier und Co. stellt er sich vor.
„Und was krieg' ich bei euch bezahlt?" fragt er.
„Zuerst einmal hundert Mark. Später mehr", sagen die
von Meier und Co.
„Ist gebongt, Leute", sagt Florian. „Dann komm' ich
später."

♠

Konny bewirbt sich im Freibad um einen Job als
Lebensretter.
„Kannste denn überhaupt schwimmen?" wird er gefragt.
„Schwimmen? Schwimmen kann ich nicht. Aber waten
wie ein Wilder!"

„Was macht dein Vater?"
„Er arbeitet im Zirkus."
„Als was?"
„Dressiert Elefanten."
„War er denn nicht früher in einem Flohzirkus?"
„Ja, aber da hat er noch besser gesehen."

♠

Sigi steht vor dem Personalchef der großen Firma.
„Sie haben sich also bei uns als Nachtwächter beworben", sagt der Personalchef. „Welche Voraussetzungen bringen Sie mit für diesen Job?"
„Ich wache beim geringsten Geräusch auf", sagt Sigi.

♠

„Der deutsche Schwergewichtsmeister im Boxen besingt bei uns eine LP", erzählt der Produzent.
„Mensch, das ist doch beknackt, dieser Typ bringt doch keinen anständigen Ton heraus", sagt ein anderer.
„Da hab' ich eine Idee", antwortet der Produzent.
„Möchtest du ihm das vielleicht, bitte, sagen?"

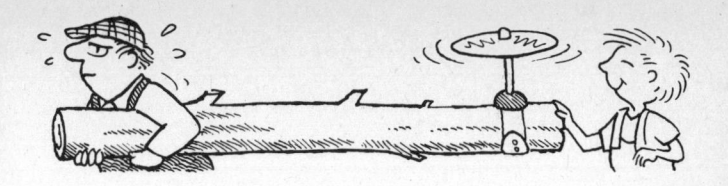

Ein Ausschreier in der Fußgängerzone:
„Dies, meine Herrschaften, ist der Büchsenöffner des Jahrtausends! Lassen Sie sich die Gelegenheit nicht entgehen! Dieser Büchsenöffner ist nicht kaputtzukriegen. Sie können ihn auf den Boden fallen lassen. Sie können ihn vier Wochen im Wasser liegen lassen. Sie können ihn aus dem zehnten Stock auf die Straße werfen, können mit einem Lastwagen drüberfahren..."
„Kann man damit auch Büchsen öffnen?" kommt eine Stimme aus dem Kreis der Zuhörer.

♠

Der Schulrat fährt mit seinem Kleinwagen nach
Pfullenhofen, um dort die Schule zu inspizieren.
Kurz vor dem Ortseingang streikt sein Wagen.
Beim Herrn Schulrat reicht's nicht weiter, als daß er
aussteigt, in den Motor schaut und den Kopf schüttelt.
Aber davon fährt der Wagen auch nicht weiter.
Da erscheint irgend so ein Knirps und schaut auch in den
Motor. Und mit einigen Handgriffen bringt er alles
wieder in Schwung.
„Du bist aber ein tüchtiger Bursche!" lobt der Schulrat.
„Aber sag, mußt du denn nicht in die Schule?"
„Nein", sagt der Knirps. „Zu uns kommt heute der
Schulrat. Und da hat der Lehrer gesagt, ich soll daheim
bleiben. Ich bin nämlich der Dümmste in der Klasse."

♠

„Weißt du, wo mein Bleistift steckt?" fragt ein Beamter
seinen Kollegen.
„Ja, hinter deinem Ohr!"
„Mensch, mach die Sache nicht so kompliziert! Hinter
welchem?"

♠

„Was kannste auf deiner Gitarre spielen?"
„Alles."
„Gut, dann spiel mal Klavier!"

„Na, Herr Meier, was sagen Sie eigentlich zu unserem neuen Bundeskanzler?"
„Oh, ein großartiger Mann! Er hat es geschafft, wieder Ruhe und Harmonie in unsere Familie zu bringen."
„Was Sie nicht sagen! Und wie das?"
„Seit wir den haben, rennen unsere Kinder dauernd auf der Straße herum, um gegen ihn zu demonstrieren."

♠

Die Polizeidirektion hat endlich eine Methode erdacht, wie Massenansammlungen ohne Knüppelei zu zerstreuen sind.
Bei Zusammenrottungen bekommen die Polizisten Sammelbüchsen und müssen für das Rote Kreuz sammeln.

Weißt du...
..., was unseren Chef von einem Blinddarm unterscheidet?
Nichts. Beide sind überflüssig und ständig gereizt.

♠

„Fred, du gehst zum Neubau hinüber und streichst die Fenster", sagt der Meister zum neuen Lehrling.
Nach etwa fünf Stunden kommt Fred zurück.
„Meister", fragt er, „soll ich jetzt auch die Fensterrahmen streichen?"

♠

„Ich brauche eine Empfehlung für Sie", sagt der Personalchef. „Haben Sie eine Empfehlung?"
„Ja."
„Und wer hat Sie empfohlen?"
„Mein früherer Chef."
„Das ist gut. Und was hat er gesagt?"
„Ich solle mich schnellstens nach einer anderen Stelle umschauen."

♠

„Mädchen, Mädchen!" meint der Chef zu seiner neuen Sekretärin. „Du willst auf der Realschule gewesen sein und schreibst Physik mit F!"
„Ja, weil auf dieser blöden Schreibmaschine das V kaputt ist!"

♠

„Herr Postbote, ich habe Sie schon ganz, ganz lange nicht mehr gesehen. Wo haben Sie gesteckt?"
„Ja, wissen Sie, Frau Kümmerle, ich bin die Treppe heruntergefallen und habe drei Wochen gelegen."
„Schrecklich, schrecklich! Und da ist niemand vorbeigekommen, um Sie aufzuheben?"

♠

Der Pfarrer versucht den Schülern zu erklären, was ein Wunder ist.
„Wie nennt man eine Handlung, bei der Wasser in Wein verwandelt wird?" fragt er.
„Weinhandlung", bekommt er zur Antwort.

♠

„Sind Sie die Frau Meier, bei der die Wasserhähne tropfen?" fragt Fritz an der Wohnungstür.
„So, seid ihr nun endlich da! Seit vier Wochen rufe ich pausenlos an. Und jetzt erst kommt einer!" schimpft die Dame.
„Seit vier Wochen? Dann bin ich falsch. Ich soll zu einer Frau Meier, die schon seit acht Wochen anruft", sagt Fritz und dreht sich auf dem Absatz rum.

♠

„So was Blödes wie meine Sekretärin ist mir noch nicht begegnet!" schimpft der Chef. „Die weiß rein gar nichts. Dauernd fragt sie ‚Wie schreibt man dies? Und wie schreibt man das?' Und ich muß ständig im Duden nachschlagen!"

♠

„Jetzt ist deine Lehrzeit zu Ende", sagt der Meister. „Ab heute sage ich nicht mehr du zu dir, sondern Sie. Und ab heute brauchst du auch die Brotzeit nicht mehr zu holen – ab heute holen Sie die Brotzeit. Verstanden?"

♠

Wieder einmal dreht der Alte durch.
Am Montag früh kommt er in die Werkstatt und brüllt:
„Was haben wir heute für einen Wochentag? He?"
„Montag, Chef."
„Montag. Soso. Heute also ist Montag. Und morgen ist Dienstag. Übermorgen schon Mittwoch, dann kommt der Donnerstag, dann der Freitag – die ganze Woche ist so gut wie vorbei! Und nichts, absolut nichts ist gearbeitet worden!"

♠

„Chef, mit mir können Sie heute nicht rechnen", sagt
Lehrling Jupp am Telefon. „Ich bin schwer krank."
„Was fehlt dir denn?"
„Ich habe Schüttelfrost."
„Mensch, das paßt ja prima!" ruft da der Meister.
„Komm sofort rüber. Da kannste Sand sieben!"

♠

Weißt du...
..., warum die Freiheitsstatue in New York steht?
Weil sie sich nicht hinsetzen kann.

♠

In Frankfurt bauen sie einen neuen Wolkenkratzer. Und
Günter darf in schwindelnder Höhe mitmontieren.
Da kommt ein Polizist das Gerüst heraufgeklettert.
„Ein irres Tempo hat der Mann drauf!" sagt Günter.
„Wie kommst du darauf?"
„Weil mir der Hammer erst vor drei Minuten aus der
Hand gefallen ist!"

♠

Anke hat sich um einen Job als Stenotypistin beworben.
Natürlich will der neue Chef wissen, was Anke kann.
„Wie viele Anschläge schaffen Sie in der Minute?" fragt
er.
„Anschläge? Ich höre immer Anschläge", staunt Anke.
„Habe ich mich hier als Stenotypistin beworben oder als
Terroristin?"

♠

Kuno hat ein riesiges Stück Limburger zur Brotzeit in die
Schreinerei mitgenommen.
Im Laufe des Vormittags beginnt der Käse zu schmelzen.
„Macht nix", sagt Kuno zu seinem Käse. „Schau dich
hier nur ein bißchen um. Aber zur Brotzeit bist du mir
wieder da. Klar?"

♠

„Sag mal", fragt der Meister seinen Lehrling, „haste dir
eigentlich schon einmal Gedanken darüber gemacht,
warum ich dir deinen Lohn immer in Geschenkpapier
einwickle?"

♠

Willy und Billy haben einen Traumjob bei der Post gekriegt.
Man vertraut ihnen einen Laster mit Telegrafenstangen an. Sie sollen die Stangen eingraben und aufstellen.
Ende der Woche sind sie wieder zurück.
„Seid ihr fertig geworden?" fragt der Boß.
„Leider nicht ganz", sagt Willi. „Aber fast. Nur drei von den Stangen schauen noch zur Hälfte aus der Erde heraus."

In der Tierhandlung.
Ein Mann will einen Papagei kaufen.
„Also, hier habe ich einen roten Papagei, ein hochintelligentes Tier", schwärmt der Verkäufer. „Er spricht fließend Englisch, Französisch, selbstverständlich Deutsch. Dazu Russisch und Latein und für den Hausgebrauch auch Chinesisch."
„Ist ja Wahnsinn! Und was kostet er?"
„Dreitausend."
„Hm. Und der grüne dahinten? Was kann der?"
„Der Grüne? Der kann gar nichts."
„Und kostet?"
„Zehntausend."
„Wie das? Wenn er doch gar nichts kann?"
„Das ist aber der Chef von dem roten!"

♠

„Chef, darf ich morgen zu Hause bleiben? Meine Großmutter ist nämlich gestorben."
„Sag mal, für wie blöd hältst du mich eigentlich? Das ist schon das fünfte Mal, daß du wegen einer verstorbenen Großmutter frei haben willst!"
„Chef, da kennen Sie meinen Großvater nicht. Der heiratet nämlich immer wieder."

♠

„Karli", sagt der Abi zum Azubi, „jetzt bist du soweit, jetzt kann ich dich für einfachere Aufgaben einsetzen."
Und er schickt ihn zu Frau Weckerle, weil die pausenlos anruft.
Karli geht zu Frau Weckerle und arbeitet, bis er schwitzt. Nach ein paar Stunden kann er sagen: „So, Frau Weckerle, jetzt arbeitet ihre Wäscheschleuder wieder tadellos! Und Wasser läuft auch keins mehr heraus."
Da jault Frau Weckerle auf:
„Um Himmels willen. Das war ja mein Fernsehgerät!"

♠

„Und was macht dein Vater?"
„Er ist bei der Post und stempelt den ganzen Tag Briefe."
„Ist das nicht schrecklich langweilig."
„Überhaupt nicht. Wir haben ja jeden Tag ein anderes Datum."

Karli geht mit seinen Eltern spazieren.
„Papa, schau, was ist das für ein Baum?" fragt er.
„Das weiß ich nicht", sagt Papa.
„Papa, wieviel Volt hat so eine Hochspannungsleitung?"
will Karli dann wissen.
„Weiß ich nicht", sagt Papa.
„Papa, wieviel Sprit verbraucht so ein Flugzeug in der
Stunde?" fragt Karli.
„Keine Ahnung", sagt Papa.
„Karli, jetzt laß doch den Papa endlich in Ruhe", sagt
die Mutter schließlich.
Aber da protestiert der Papa: „Laß den Jungen doch
fragen! Sonst lernt er ja nie etwas!"

♠

„Jetzt sagen Sie mir", sagte der Chef, „wie hoch Sie sich
Ihr Gehalt in meiner Firma vorstellen. Dann lachen wir
beide gemeinsam recht herzlich darüber, und ich sage
Ihnen meinen Vorschlag."

♠

„Herr Lehrer, Sie wollten uns heute doch etwas vom
menschlichen Gehirn erzählen!"
„Das geht jetzt nicht. Ich habe ganz andere Dinge im
Kopf!"

Der Chef ist ausnahmsweise gut bei Laune. Darum läßt er Witz um Witz vom Stapel, und das ganze Büro biegt sich vor Lachen.
Nur einer nicht, der Karli. Er hockt da und verzieht keine Miene.
„Mensch, haste denn gar keinen Humor?" wird er gefragt.
„Humor schon. Aber hier höre ich am nächsten Ersten auf", antwortet er.

♠

Der Meister tobt: „Du spinnst wohl! Mitten während der Arbeit zu rauchen!"
„Ich arbeite ja gar nicht", antwortet Franz gekränkt.

Sie bauen und werkeln an einem Kamin. Er soll vierzig Meter hoch werden.
Da kommt der Polier gelaufen. Schon von weitem brüllt er: „Halt, halt! Aufhören!"
Und als er an der Baustelle angelangt ist, sagt er: „Leute, das ist totaler Schwachsinn. Ich hab' den Plan verkehrt herum gehalten. Das soll ja ein vierzig Meter tiefer Schacht werden!"

Weißt du...
... welcher Wein an den Hängen des Vesuv wächst?
Glühwein.

♠

Wenn es schon Gabelstapler gibt...
... warum gibt es keine Messer- und Löffelstapler?

♠

„Ich geh' nicht mehr in die Schule", meint Theodor. „Ich werde nämlich später einmal Lehrer. Dann bring' ich mir das ganze Zeug selber bei. Klar?"

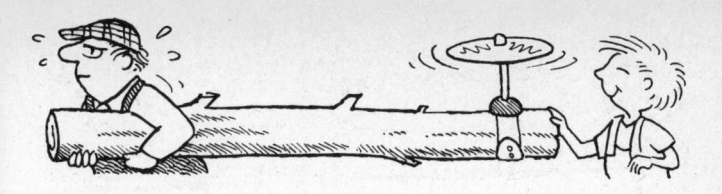

„Omilein, du bist die Allerallerallerbeste!" beteuert Pützchen. „Und wenn ich später einmal ein Kind habe, dann werde ich es Omilein nennen!"

♠

„Wer ist in eurer Familie der Musikalischste?"
„Helmut."
„Singt er am schönsten?"
„Nö, der haut sofort ab, wenn die anderen zu singen anfangen."

♠

Wieder einmal hat es im Schulhof eine Riesenrauferei gegeben.
Und wie immer suchen die Lehrer den, der angefangen hat.
Nicht ohne Grund wird Charlie gefragt, was denn los war.
„Also, es begann damit", erklärt Charlie, „daß der Beierlein zurückgeschlagen hat..."

♠

„Sag mal, du hältst mich wohl für einen vollkommenen Blödmann", sagt Klausi zu seiner Schwester.
„Also, eines wollen wir gleich einmal festhalten", antwortet die Schwester. „Vollkommen ist auf dieser Welt niemand!"

♠

Willy und Billy fahren mit der Eisenbahn. Fünf Stunden schon. Willy sieht nur den Billy. Und Billy nur den Willy. Darum wird es bald stinklangweilig.
„Weißte was", sagt Willy, „jetzt machen wir ein Spiel. Jeder denkt sich eine Zahl, und wer sich die höchste Zahl gedacht hat, hat gewonnen."
„Machen wir!" sagt Billy begeistert.
„Na, was is. Haste schon eine Zahl?" fragt Willy.
„Ja."
„Welche?"
„Zwei", sagt Billy.
„Mist", antwortet Willy. „Hast schon gewonnen!"

♠

Wer weiterlachen will, der braucht unbedingt...

DIE WITZ RAKETE

777 Witze, gesammelt und gezeichnet von Erhard Dietl

Schneider-Buch

CIP-Titelaufnahme der Deutschen Bibliothek

Der **Witz-Ballon** : Witze zum Abheben / ges. u. gezeichn. von Erhard Dietl. – München : F. Schneider, 1988
    ISBN 3-505-09759-4
NE: Dietl, Erhard [Hrsg.]

© 1988 by Franz Schneider Verlag GmbH
8000 München 40 · Frankfurter Ring 150
Alle Rechte vorbehalten
Umschlagbild und Illustrationen: Erhard Dietl, Ottobrunn
Umschlaggestaltung: Angelika Bachmann, München
Lektorat: René Rilz
Herstellung: Manfred Prochnow
Satz: ADV-Augsburger Druck- und Verlagshaus GmbH
Druck: Presse-Druck Augsburg
ISBN: 3 505 09759 4
Bestell-Nr: 9759